ars vivendi

William Shakespeare

Gesamtausgabe

Neuübersetzung von Frank Günther

Band 2

William Shakespeare

Ein Sommernachtstraum

Zweisprachige Ausgabe

Neu übersetzt und mit Anmerkungen versehen
von Frank Günther

Mit einem Essay und Literaturhinweisen
von Sonja Fielitz

ars vivendi

Der englische Text basiert auf der Arden-Ausgabe,
London/New York 1979

Originalausgabe
Erste Auflage April 2000
ars vivendi verlag, Cadolzburg
© für die Übersetzung: Hartmann & Stauffacher GmbH
Aufführungsrechte für Bühnen, Funk, Film und Fernsehen,
auch für Laienaufführungen, sowie Aufzeichnungen auf
Bild- und Tonträger nur mit schriftlicher Genehmigung
durch Hartmann & Stauffacher, Verlag für Bühne, Film,
Funk und Fernsehen, Bismarckstr. 36, 50672 Köln
© für den Anhang: Deutscher Taschenbuch Verlag, München
Die Schreibweise in diesem Buch entspricht weitgehend den
Regeln der Rechtschreibreform vom Juli 1996.
Umschlaggestaltung und Ausstattung: Armin Stingl, Fürth
Gesetzt aus der Bembo von Linotype
Druck: Fuldaer Verlagsagentur, Fulda
Bindung: Leipziger Großbuchbinderei, Leipzig
Gedruckt auf säurefreiem, alterungsbeständigem Papier
Printed in Germany
ISBN 3-89716-156-7

INHALT

A MIDSUMMER NIGHT'S DREAM

Dramatis Personæ

THESEUS, Duke of Athens
HIPPOLYTA, Queen of the Amazons, betrothed to Theseus
LYSANDER ⎫ young courtiers
DEMETRIUS ⎭ in love with Hermia
HERMIA, in love with Lysander
HELENA, in love with Demetrius
EGEUS, Hermia's father
PHILOSTRATE, Theseus' Master of the Revels
OBERON, King of the Fairies
TITANIA, Queen of the Fairies
A FAIRY, in Titania's service
PUCK, or Robin Goodfellow, Oberon's jester and lieutenant
PEASEBLOSSOM ⎫
COBWEB ⎪
MOTH ⎬ Fairies, in Titania's service
MUSTARDSEED ⎭

PETER QUINCE, a carpenter; Prologue in the Interlude
NICK BOTTOM, a weaver; Pyramus in the Interlude
FRANCIS FLUTE, a bellows-mender; Thisbe in the Interlude
TOM SNOUT, a tinker; Wall in the Interlude
SNUG, a joiner; Lion in the Interlude
ROBIN STARVELING, a tailor; Moonshine in the Interlude

Other Fairies attending on Oberon and Titania
Lords and Attendants to Theseus and Hippolyta

EIN SOMMERNACHTSTRAUM

Personen

THESEUS, Herzog von Athen
HIPPOLYTA, Königin der Amazonen, verlobt mit Theseus
LYSANDER, wird von Hermia geliebt
DEMETRIUS, Bewerber um Hermia
HERMIA, Egeus' Tochter, verliebt in Lysander
HELENA, verliebt in Demetrius
EGEUS, Hermias Vater
PHILOSTRAT, Meister für Vergnügung an Theseus' Hof
OBERON, König der Elfen
TITANIA, Königin der Elfen
EIN ELF, in Titanias Dienst
PUCK, oder Robin Gutfreund, Oberons Hofnarr und Adjutant
BOHNENBLÜTE ⎫
SPINNWEB   ⎪
MOTTE   ⎬ Elfen in Titanias Dienst
SENFSAMEN   ⎭

PETER SQUENZ, ein Zimmermann   (Prolog)
NIKLAUS ZETTEL, ein Weber   (Pyramus)
FRANZ FLAUT, Blasbalgflicker   (Thisbe)
TOM SCHNAUZ, Kesselflicker   (Wand)
SCHNOCK, ein Schreiner   (Löwe)
MATZ SCHLUCKER, Schneider   (Mondschein)

Weitere Elfen im Gefolge Oberons und Titanias
Gefolge von Theseus und Hippolyta

ACT I

Scene I

*Enter Theseus, Hippolyta,
[Philostrate,] with Attendants.*

THESEUS:

Now, fair Hippolyta, our nuptial hour
Draws on apace; four happy days bring in
Another moon: but O, methinks, how slow
This old moon wanes! She lingers my desires,
Like to a step–dame or a dowager   5
Long withering out a young man's revenue.

HIPPOLYTA:

Four days will quickly steep themselves in night;
Four nights will quickly dream away the time;
And then the moon, like to a silver bow
New bent in heaven, shall behold the night   10
Of our solemnities.

THESEUS: Go, Philostrate,
Stir up the Athenian youth to merriments;
Awake the pert and nimble spirit of mirth;
Turn melancholy forth to funerals;
The pale companion is not for our pomp.   15
                    [Exit Philostrate.]
Hippolyta, I woo'd thee with my sword,
And won thy love doing thee injuries;
But I will wed thee in another key,
With pomp, with triumph, and with revelling.
                *Enter Egeus and his daughter Hermia,
                and Lysander and Demetrius.*

EGEUS:

Happy be Theseus, our renowned Duke!   20

THESEUS:

Thanks, good Egeus. What's the news with thee?

ERSTER AKT

1. Szene

*Hippolyta, Theseus, Philostrat
und Gefolge treten auf.*

THESEUS:
Endlich, Hippolyta, naht unsre Hochzeitsstunde
Mit schnellem Schritt; vier Freudentage nur
Zur Neumondnacht: und doch, wie trödelt mir
Der alte Mond so lang! Er lässt mich nach dir darben,
So wie ein zählebiger alter Witwer
Den Stiefsohn lang ums Erbe lechzen lässt.

HIPPOLYTA:
Vier Tage werden schnell in Nächte sinken;
Vier Nächte werden schnell die Zeit verträumen:
Dann soll der Mond am Himmel, neu gekrümmt
Wie eine Silbersichel, unsre Nacht
Der Festlichkeiten schaun.

THESEUS: Geh, Philostrat,
Ruf ganz Athen zum Festefeiern auf,
Weck überall den Geist der Fröhlichkeit
Und jag den Trübsinn fort zu Leichenzügen:
Der bleiche Kerl passt nicht zu unserm Jubel.
                    Philostrat ab.
Hippolyta, gefreit um dich hab ich mit Waffen,
Besiegt hab ich dein Herz mit roher Kraft;
Jedoch zur Hochzeit find ich andre Töne:
Da klingt Triumph und Jubel und Gelage.
          *Egeus, seine Tochter Hermia,
          Lysander und Demetrius treten auf.*

EGEUS:
Glück sei mit Theseus, unserm edlen Herzog!

THESEUS:
Dank dir, Egeus. Sag, was gibt es Neues?

EGEUS:

> Full of vexation come I, with complaint
> Against my child, my daughter Hermia.
> Stand forth Demetrius. My noble lord,
> This man hath my consent to marry her.   25
> Stand forth Lysander. And, my gracious Duke,
> This hath bewitch'd the bosom of my child.
> Thou, thou, Lysander, thou hast given her rhymes,
> And interchang'd love-tokens with my child:
> Thou hast by moonlight at her window sung   30
> With faining voice verses of feigning love,
> And stol'n the impression of her fantasy
> With bracelets of thy hair, rings, gauds, conceits,
> Knacks, trifles, nosegays, sweetmeats (messengers
> Of strong prevailment in unharden'd youth):   35
> With cunning hast thou filch'd my daughter's heart,
> Turn'd her obedience (which is due to me)
> To stubborn harshness. And, my gracious Duke,
> Be it so she will not here, before your Grace,
> Consent to marry with Demetrius,   40
> I beg the ancient privilege of Athens:
> As she is mine, I may dispose of her;
> Which shall be either to this gentleman,
> Or to her death, according to our law
> Immediately provided in that case.   45

THESEUS:

> What say you, Hermia? Be advis'd, fair maid.
> To you your father should be as a god:
> One that compos'd your beauties, yea, and one
> To whom you are but as a form in wax
> By him imprinted, and within his power   50
> To leave the figure, or disfigure it.
> Demetrius is a worthy gentleman.

HERMIA:

> So is Lysander.

THESEUS: In himself he is;

EGEUS:

Ich komme tief verärgert und verklage
Mein eignes Kind, die Hermia, meine Tochter.
Tritt vor, Demetrius! Mein edler Fürst,
Dem Mann hier hab ich sie zur Frau versprochen.
Tritt vor, Lysander! – Der da, Herzog, der,
Der da hat meinem Kind das Herz verhext.
Du hast ihr Verse komponiert, jawohl,
Hast Liebespfänder mit ihr ausgetauscht,
Hast ihr bei Mondschein am Balkon gesungen,
Mit Heuchlerstimme Liebesheuchelverse,
Hast ihr die Flausen in den Kopf gesetzt
Mit Rosen, Ringen, Zuckerzeug, Konfekt,
Haarlocken, Krimskrams, Firlefanz – so was
Macht starken Eindruck auf haltlose Jugend –,
Hast schlau das Tochterherz mir weggestohlen
Und den Gehorsam, den ich abverlange,
In Bockigkeit verdreht. Und, edler Fürst,
Gesetzt den Fall, sie stimmt auch hier vor Ihnen
Der Ehe mit Demetrius nicht zu,
Verlange ich das alte Recht Athens:
Sie ist mein Eigentum, ich kann verfügen;
Ich liefer sie entweder diesem Herrn
Oder dem Tode aus, wie das Gesetz
Athens in solchem Fall bestimmt.

THESEUS:

Was sagst du, Hermia? Nimm Vernunft an, Kind:
Du sollst zum Vater aufsehn wie zu Gott.
Er hat dir deine Schönheit modelliert –
Für ihn bist du nur eine Form aus Wachs,
Die er geprägt hat, und es steht ihm frei,
Die Form zu lassen oder einzuschmelzen.
Demetrius ist doch ein braver Mann.

HERMIA:

Lysander auch.

THESEUS: Für sich genommen schon,

But in this kind, wanting your father's voice,
The other must be held the worthier.   55
HERMIA:
I would my father look'd but with my eyes.
THESEUS:
Rather your eyes must with his judgement look.
HERMIA:
I do entreat your Grace to pardon me.
I know not by what power I am made bold,
Nor how it may concern my modesty   60
In such a presence here to plead my thoughts,
But I beseech your Grace that I may know
The worst that may befall me in this case,
If I refuse to wed Demetrius.
THESEUS:
Either to die the death, or to abjure   65
For ever the society of men.
Therefore, fair Hermia, question your desires,
Know of your youth, examine well your blood,
Whether, if you yield not to your father's choice,
You can endure the livery of a nun,   70
For aye to be in shady cloister mew'd,
To live a barren sister all your life,
Chanting faint hymns to the cold fruitless moon.
Thrice blessed they that master so their blood
To undergo such maiden pilgrimage;   75
But earthlier happy is the rose distill'd
Than that which, withering on the virgin thorn,
Grows, lives, and dies, in single blessedness.
HERMIA:
So will I grow, so live, so die, my lord,
Ere I will yield my virgin patent up   80
Unto his lordship whose unwished yoke
My soul consents not to give sovereignty.
THESEUS:
Take time to pause; and by the next new moon,

Doch weil ihm hier des Vaters Jawort fehlt,
Muss man den anderen für besser halten.

HERMIA:

Würd Vater nur mit meinen Augen sehn!

THESEUS:

Dein Auge muss mit seinem Urteil sehn.

HERMIA:

Sie werden mir verzeihen, hoher Fürst.
Ich frag mich selbst, wo ich den Mut hernehme
Und wie sich's mit dem guten Ton verträgt,
Wenn ich vor Ihnen so das Wort ergreife;
Doch bitt ich, sagen Sie mir ohne Umschweif,
Was ist die schlimmste Strafe, die mich trifft,
Wenn ich Demetrius nicht nehmen will.

THESEUS:

Die Todesstrafe oder lebenslang
Dem Umgang mit den Männern abzuschwören.
Drum frag dich nach den wahren Wünschen, Kind,
Bedenke deine Jugend, prüf dich selbst,
Bevor du dich dem Vater widersetzt,
Ob du die Nonnentracht ertragen kannst,
Ob du auf Lebenszeit im Kloster kümmern,
Als dürre Schwester nach und nach vertrocknen
Und nachts dem Mond Choräle singen willst.
Gesegnet sei, wer so sein Blut bezwingt,
Dass er die keusche Pilgerschaft erträgt,
Doch glücklicher ist die bestäubte Rose
Als die, die unfruchtbar und unberührt
Heilig in Einsamkeit wächst, lebt und stirbt.

HERMIA:

So will ich wachsen, leben, sterben, Herr,
Eh ich den Schatz der Freiheit tausche gegen
Die Herrschaft eines Mannes, dessen Joch
Zu tragen meine Seele nicht erlaubt.

THESEUS:

Nimm dir Bedenkzeit bis zum neuen Mond –

The sealing-day betwixt my love and me
For everlasting bond of fellowship,   85
Upon that day either prepare to die
For disobedience to your father's will,
Or else to wed Demetrius, as he would,
Or on Diana's altar to protest,
For aye, austerity and single life.   90

DEMETRIUS:

Relent, sweet Hermia; and Lysander, yield
Thy crazed title to my certain right.

LYSANDER:

You have her father's love, Demetrius:
Let me have Hermia's; do you marry him.

EGEUS:

Scornful Lysander, true, he hath my love;   95
And what is mine my love shall render him;
And she is mine, and all my right of her
I do estate unto Demetrius.

LYSANDER:

I am, my lord, as well deriv'd as he,
As well possess'd; my love is more than his;   100
My fortunes every way as fairly rank'd,
If not with vantage, as Demetrius';
And, which is more than all these boasts can be,
I am belov'd of beauteous Hermia.
Why should not I then prosecute my right?   105
Demetrius, I'll avouch it to his head,
Made love to Nedar's daughter, Helena,
And won her soul: and she, sweet lady, dotes,
Devoutly dotes, dotes in idolatry,
Upon this spotted and inconstant man.   110

THESEUS:

I must confess that I have heard so much,
And with Demetrius thought to have spoke thereof;
But, being over-full of self-affairs,
My mind did lose it. But, Demetrius, come,

Am Tag, der für Hippolyta und mich
Den Lebensbund auf ewig siegeln wird –
An diesem Tag sei du bereit zu sterben,
Weil du dem Vater ungehorsam bist,
Oder Demetrius die Hand zu reichen
Oder Diana am Altar für ewig
Armut und Ehelosigkeit zu schwören.

DEMETRIUS:
Hermia, gib nach! Und du, Lysander, tritt
Den frechen Anspruch meinen Rechten ab.

LYSANDER:
Demetrius, du hast des Vaters Liebe –
Lass mir die Hermia und heirate ihn.

EGEUS:
Frech werden, was? Ja, meine Liebe hat er,
Und das, was mein ist, schenk ich ihm aus Liebe,
Und sie ist mein, und alle meine Rechte
An ihr vermache ich Demetrius.

LYSANDER:
Mein Fürst, ich bin aus gutem Haus wie er,
Genauso reich; an Liebe sogar reicher.
Mit meiner Zukunft steht es grad so gut
Wie bei Demetrius – vielleicht noch besser.
Was schwerer wiegt als alle Prahlerei –
Ich bin es, den die schöne Hermia liebt.
Was soll ich nicht auf meine Rechte pochen?
Demetrius – ich sag's hier öffentlich –
Hat Nedars Tochter Helena bezirzt,
Ihr Herz gewonnen. Jetzt umschwärmt sie ihn,
Schwärmt hingegeben, diese Ärmste, liebt
Abgöttisch diesen abgeschmackten Kerl.

THESEUS:
Ich muss gestehn, ich hab davon gehört
Und wollte mit Demetrius längst reden,
Jedoch, den Kopf voll eigener Geschichten,
Hab ich's vergessen. Nun, Demetrius,

And come, Egeus; you shall go with me: 115
I have some private schooling for you both.
For you, fair Hermia, look you arm yourself
To fit your fancies to your father's will;
Or else the law of Athens yields you up
(Which by no means we may extenuate)   120
To death, or to a vow of single life.
Come, my Hippolyta; what cheer, my love?
Demetrius and Egeus, go along;
I must employ you in some business
Against our nuptial, and confer with you   125
Of something nearly that concerns yourselves.
EGEUS:
With duty and desire we follow you.
                    Exeunt all but Lysander
                    and Hermia.
LYSANDER:
How now, my love? Why is your cheek so pale?
How chance the roses there do fade so fast?
HERMIA:
Belike for want of rain, which I could well   130
Beteem them from the tempest of my eyes.
LYSANDER:
Ay me! For aught that I could ever read,
Could ever hear by tale or history,
The course of true love never did run smooth;
But either it was different in blood —   135
HERMIA:
O cross! too high to be enthrall'd to low.
LYSANDER:
Or else misgraffed in respect of years —
HERMIA:
O spite! too old to be engag'd to young.
LYSANDER:
Or else it stood upon the choice of friends —

Egeus auch, ihr habt jetzt mitzukommen:
Ich hab euch da Verschiedenes zu sagen ...
Und du, Hermia, schlag dir das aus dem Kopf,
Pass dich dem Willen deines Vaters an,
Sonst straft dich gnadenlos Athens Gesetz –
Das ich in keiner Weise mildern kann –
Mit Tod oder Verbannung in ein Kloster.
Komm mit, Hippolyta, wie fühlst du dich?
Demetrius, Egeus, ihr kommt nach;
Ich hab so ein paar Anliegen an euch
Wegen der Hochzeit und will noch ein Wort
In eurer eignen Sache mit euch reden.

EGEUS:

Mit freudigster Ergebenheit! Wir folgen!

Alle ab, außer Lysander
und Hermia.

LYSANDER:

Was hast du nur für blasse Wangen, Liebste?
Warum verwelkt die Rosenknospenröte?

HERMIA:

Vielleicht weil Regenwasser fehlt, doch jetzt
Gibt's gleich den Wolkenbruch aus meinen Augen.

LYSANDER:

Oje! Nach dem, was man in Büchern liest
Und aus Geschichte und Geschichten hört,
Ging's mit der wahren Liebe niemals glatt.
Entweder war ein Standesunterschied –

HERMIA:

Ein Kreuz, wenn man zu groß ist für den Kleinen!

LYSANDER:

– oder ein Altersunterschied im Weg –,

HERMIA:

Ein Leid, wenn man zu alt ist für den Jungen!

LYSANDER:

Oft hatte die Familie dreingeredet –,

HERMIA:
  O hell! to choose love by another's eyes.   140
LYSANDER:
  Or, if there were a sympathy in choice,
  War, death, or sickness did lay siege to it,
  Making it momentany as a sound,
  Swift as a shadow, short as any dream,
  Brief as the lightning in the collied night,   145
  That, in a spleen, unfolds both heaven and earth,
  And, ere a man hath power to say »Behold!«,
  The jaws of darkness do devour it up:
  So quick bright things come to confusion.
HERMIA:
  If then true lovers have been ever cross'd,   150
  It stands as an edict in destiny.
  Then let us teach our trial patience,
  Because it is a customary cross,
  As due to love as thoughts and dreams and sighs,
  Wishes and tears, poor fancy's followers.   155
LYSANDER:
  A good persuasion; therefore hear me, Hermia.
  I have a widow aunt, a dowager
  Of great revenue, and she hath no child –
  From Athens is her house remote seven leagues –
  And she respects me as her only son.   160
  There, gentle Hermia, may I marry thee,
  And to that place the sharp Athenian law
  Cannot pursue us. If thou lov'st me then,
  Steal forth thy father's house tomorrow night;
  And in the wood, a league without the town   165
  (Where I did meet thee once with Helena
  To do observance to a morn of May),
  There will I stay for thee.
HERMIA: My good Lysander,
  I swear to thee by Cupid's strongest bow,
  By his best arrow with the golden head,   170

HERMIA:
  Die Qual, mit andrer Leute Brille lieben!
LYSANDER:
  – und hatten sich tatsächlich zwei gefunden,
  Sind Krieg und Tod und Krankheit Sturm gelaufen,
  So dass die Liebe wie ein Ton verklang,
  Kurz wie ein Traum, ungreifbar wie ein Schatten,
  Schnell wie ein Blitz in kohlpechschwarzer Nacht,
  In dessen Schlag Himmel und Erde glüht,
  Und eh man auch nur »schau mal« sagen kann,
  Hat ihn der Schlund der Dunkelheit verschlungen.
  So schnell umnachtet sich, was Helle scheint.
HERMIA:
  Wenn wahre Liebe stets vergeblich war,
  Dann ist das ein Gesetz im Buch des Schicksals.
  Dann soll uns diese Prüfung dulden lehren,
  Weil unser Leiden ganz alltäglich ist,
  Der Liebe zugehört wie Traum und Träne,
  Wie Wunsch und Weh – Türsteher sind's der Liebe.
LYSANDER:
  Bewahr dir diesen Glauben. Doch hör zu:
  Ich habe eine Tante, eine Witwe,
  Sie hat Vermögen, und sie hat kein Kind.
  Ihr Haus liegt sieben Meilen vor Athen,
  Und sie betrachtet mich als ihren Sohn.
  Dort, Hermia, können wir die Ehe schließen,
  Dorthin kann uns das grausame Gesetz
  Athens nicht folgen. Liebst du mich, dann schleich
  Dich morgen Nacht aus deines Vaters Haus,
  Und eine Meile vor der Stadt im Wald –
  Wo ich mit Helena dich einmal traf
  Bei einer Maienfeier früh am Tag –,
  Dort warte ich auf dich.
HERMIA: Lysander, Liebster,
  Ich schwöre dir bei Amors stärkstem Bogen,
  Bei seinem besten Pfeil mit goldnem Schaft,

By the simplicity of Venus' doves,
By that which knitteth souls and prospers loves,
And by that fire which burn'd the Carthage queen
When the false Trojan under sail was seen;
By all the vows that ever men have broke   175
(In number more than ever women spoke),
In that same place thou hast appointed me,
Tomorrow truly will I meet with thee.

LYSANDER:

Keep promise, love. Look, here comes Helena.
                Enter Helena.

HERMIA:

God speed fair Helena! Whither away?   180

HELENA:

Call you me fair? That fair again unsay!
Demetrius loves your fair: O happy fair!
Your eyes are lode-stars, and your tongue's sweet air
More tuneable than lark to shepherd's ear,
When wheat is green, when hawthorn buds appear.   185
Sickness is catching; O were favour so,
Yours would I catch, fair Hermia, ere I go:
My ear should catch your voice, my eye your eye,
My tongue should catch your tongue's sweet melody.
Were the world mine, Demetrius being bated,   190
The rest I'd give to be to you translated.
O, teach me how you look, and with what art
You sway the motion of Demetrius' heart.

HERMIA:

I frown upon him; yet he loves me still.

HELENA:

O that your frowns would teach my smiles such skill!   195

HERMIA:

I give him curses; yet he gives me love.

HELENA:

O that my prayers could such affection move!

Bei Venus' Tauben unschuldiger Pracht,
Bei dem, was Seelen knüpft und lieben macht,
Beim Feuer, in dem Dido sich verbrannte,
Als sich Aeneas treulos heimwärts wandte,
Bei allen Schwüren, die die Männer brachen –
Mehr an der Zahl, als Frauen jemals sprachen –,
Du nennst mir einen Ort zum Stelldichein,
Dort werd ich morgen Nacht zu finden sein.

LYSANDER:
Die Hand darauf. – Schau – da kommt Helena.
Helena tritt auf.

HERMIA:
Tag, schöne Helena. Wie geht's dem Glück?

HELENA:
Du nennst mich schön? Das »schön« nimm nur zurück.
Demetrius liebt Schönheit, also dich.
Dein Augenpaar sind Sterne eigentlich,
Du zwitscherst süßer als der Lerchenschlag
Den Schäfern klingt am Maienblütentag.
Krankheit steckt an – die Schönheit leider nicht,
Sonst steckte ich mir deine ans Gesicht.
Da hätt ich mich an dir gleich infiziert,
Mit deinem Leiden wär mein Leid kuriert.
Hätt ich die Welt – Demetrius ausgenommen,
Kannst du den Rest von mir aus gern bekommen.
Lehr mich den Blick und wie ich's machen muss,
Dass ich geliebt werd von Demetrius.

HERMIA:
Ich runzele die Stirn – er schwärmt noch mehr.

HELENA:
Wenn doch mein Lächeln wie dein Runzeln wär.

HERMIA:
Ich schrei ihn an – er säuselt immer weiter.

HELENA:
Geschrei statt Säuseln wär demnach gescheiter?

HERMIA:
The more I hate, the more he follows me.
HELENA:
The more I love, the more he hateth me.
HERMIA:
His folly, Helena, is no fault of mine.   200
HELENA:
None but your beauty; would that fault were mine!
HERMIA:
Take comfort: he no more shall see my face;
Lysander and myself will fly this place.
Before the time I did Lysander see,
Seem'd Athens as a paradise to me.   205
O then what graces in my love do dwell,
That he hath turn'd a heaven unto a hell!
LYSANDER:
Helen, to you our minds we will unfold:
Tomorrow night, when Phoebe doth behold
Her silver visage in the wat'ry glass,   210
Decking with liquid pearl the bladed grass
(A time that lovers' flights doth still conceal),
Through Athens' gates have we devis'd to steal.
HERMIA:
And in the wood, where often you and I
Upon faint primrose beds were wont to lie,   215
Emptying our bosoms of their counsel sweet,
There my Lysander and myself shall meet;
And thence from Athens turn away our eyes,
To seek new friends, and stranger companies.
Farewell, sweet playfellow; pray thou for us,   220
And good luck grant thee thy Demetrius!
Keep word, Lysander; we must starve our sight
From lover's food, till morrow deep midnight.
LYSANDER:
I will, my Hermia. Helena, adieu;
As you on him, Demetrius dote on you!   225

HERMIA:

Je mehr ich hasse, so mehr liebt er mich.

HELENA:

Je mehr ich liebe, so mehr hasst er mich.

HERMIA:

Dass er verrückt spielt, ist doch nicht mein Fehler!

HELENA:

Dein »Schönheitsfehler«. Hätt ich diesen Fehler!

HERMIA:

Kopf hoch. Er wird mich hier nicht länger sehn.
Ich fliehe mit Lysander aus Athen.
Bislang war's hier ein Paradies für mich,
Als ich Lysander traf, wurd's fürchterlich.
Sag selbst, was hat die Liebe mir gebracht,
Wenn sie den Himmel mir zur Hölle macht?

LYSANDER:

Dir, Helena, wolln wir uns anvertrauen.
Wenn morgen Nacht der Mond steigt, um zu schauen,
Wie sich sein Silberschein im Wasser spiegelt,
Und Perlentau die Blütenkelche siegelt –
Die Stunde wie geschaffen zum Entweichen –,
Dann werden wir uns aus den Toren schleichen.

HERMIA:

Und dort im Wald, wo wir an vielen Tagen
Einträchtig zwischen Schlüsselblumen lagen
Und Heimlichkeiten tauschten miteinander,
Dort treffe ich dann morgen Nacht Lysander.
Und von Athen ziehn wir, wie's uns gefällt,
Zu neuen Freunden in die weite Welt.
Bet für uns, Liebste! Nimm den Abschiedskuss;
Ich wünsch dir Glück mit dem Demetrius.
Halt Wort, Lysander. – Ich muss gehn und schmacht
Nach deinem Anblick bis um Mitternacht.

LYSANDER:

Ich komme, Hermia – Helena, nur Mut,
So wie du ihm sei dir Demetrius gut.

Exit Hermia. Exit Lysander.

HELENA:

How happy some o'er other some can be!
Through Athens I am thought as fair as she.
But what of that? Demetrius thinks not so;
He will not know what all but he do know;
And as he errs, doting on Hermia's eyes,   230
So I, admiring of his qualities.
Things base and vile, holding no quantity,
Love can transpose to form and dignity:
Love looks not with the eyes, but with the mind,
And therefore is wing'd Cupid painted blind;   235
Nor hath Love's mind of any judgement taste:
Wings, and no eyes, figure unheedy haste.
And therefore is Love said to be a child,
Because in choice he is so oft beguil'd.
As waggish boys, in game, themselves forswear,   240
So the boy Love is perjur'd everywhere;
For, ere Demetrius look'd on Hermia's eyne,
He hail'd down oaths that he was only mine;
And when this hail some heat from Hermia felt,
So he dissolv'd and show'rs of oaths did melt.   245
I will go tell him of fair Hermia's flight:
Then to the wood will he, tomorrow night,
Pursue her; and for this intelligence
If I have thanks, it is a dear expense.
But herein mean I to enrich my pain,   250
To have his sight thither and back again.

Exit.

Hermia und Lysander ab.

HELENA:
Das Glück küsst manche oft und manche nie.
Man sagt, ich wär genauso schön wie sie.
Was soll's? Demetrius macht einen Unterschied.
Er will nicht sehn, was jeder andre sieht.
Wie er sich irrt, wenn er nach Hermia krankt,
So täusch ich mich, was seinen Wert belangt.
Was sonst alltäglich, ohne viel Gehalt,
Kehrt Liebe um zur Idealgestalt.
Statt mit den Augen schaut sie mit Gefühl –
Drum zielt auch Amor blind statt mit Kalkül.
Und wo Gefühle fliegen, fehlt Verstand.
Blind, aber Flügel – Liebe wird's genannt.
Dass man sie nur als Kind auf Bildern sieht,
Kommt, weil Gefühl so oft den Kürzern zieht.
Wie Lausejungen spaßeshalber lügen,
Macht's Amor Spaß, mit Schwüren zu betrügen.
Denn eh Demetrius die Hermia sah,
Stand ich im Hagel seiner Schwüre da.
Und diesen Hagel wärmte Hermias Sonne –
Da schmolz der Schnee, und aus war's mit der Wonne.
Gleich jetzt erzähl ich ihm von Hermias Flucht,
Dass er zum Wald läuft voller Eifersucht.
Dankt er mir auch die Nachricht tausendmal,
Ist's doch ein teurer Preis, den ich bezahl.
Doch will ich damit meinen Schmerz vermehren,
Dass ich ihn hingehn seh und wiederkehren.
Geht ab.

Scene II

*Enter Quince, the Carpenter; and
Snug, the Joiner; and Bottom,
the Weaver; and Flute,
the Bellows-mender; and Snout, the
Tinker; and Starveling, the Tailor.*

QUINCE: Is all our company here?

BOTTOM: You were best to call them generally, man by
man, according to the scrip.

QUINCE: Here is the scroll of every man's name which is
thought fit through all Athens to play in our interlude   5
before the Duke and the Duchess, on his wedding-day
at night.

BOTTOM: First, good Peter Quince, say what the play treats
on; then read the names of the actors; and so grow to a
point.   10

QUINCE: Marry, our play is »The most lamentable comedy,
and most cruel death of Pyramus and Thisbe«.

BOTTOM: A very good piece of work, I assure you, and a
merry. Now, good Peter Quince, call forth your actors
by the scroll. Masters, spread yourselves.   15

QUINCE: Answer as I call you. Nick Bottom, the weaver?

BOTTOM: Ready. Name what part I am for, and proceed.

QUINCE: You, Nick Bottom, are set down for Pyramus.

BOTTOM: What is Pyramus? A lover, or a tyrant?

QUINCE: A lover, that kills himself most gallant for love.   20

BOTTOM: That will ask some tears in the true performing
of it. If I do it, let the audience look to their eyes: I will
move storms, I will condole in some measure. To the
rest – yet my chief humour is for a tyrant. I could play

2. Szene

Squenz, der Zimmermann,
Schnock, der Tischler, Zettel, der
Weber, Flaut, der Bälgeflicker,
Schnauz, der Kesselflicker,
Schlucker, der Schneider.

SQUENZ: Ist unsere Truppe vollzählig?

ZETTEL: Am besten wär, du rufst sie alle zusammen einzeln auf, wie auf der Liste steht.

SQUENZ: Hier ist der Zettel mit jedermanns Namen, den
man so geschickt hält in ganz Athen, um in unserm
Schauspiel vor dem Herzog und der Herzogin morgen
Nacht am Hochzeitstag zu spielen.

ZETTEL: Zuerst, guter Peter Squenz, sag, wo das Stück sich
von handelt, dann lies die Namen der Schauspieler und
komm so der Sache zum Kernpunkt.

SQUENZ: Also nun, unser Stück heißt »Die tief tragische
Komödie und der tieftraurige Tod von Pyramus und
Thisbe«.

ZETTEL: Ein sehr gutes Stück Arbeit, das könnt ihr mir
glauben, und lustig. Jetzt, guter Peter Squenz, ruf deine
Schauspieler nach dem Zettel auf. Meisters, stellt euch
alle zusammen auseinander.

SQUENZ: Antwortet, wie ich euch rufe. Niklaus Zettel,
der Weber?

ZETTEL: Hier! – Sag mir die Rolle, die ich bin, und dann
weiter.

SQUENZ: Du, Niklaus Zettel, bist besetzt als der Pyramus.

ZETTEL: Was ist Pyramus? – ein Liebhaber oder ein Tyrann?

SQUENZ: Ein Liebhaber, der sich selber umbringt, sehr
elegant aus Liebe.

ZETTEL: So was wird ein paar Tränen kosten bei lebens-
echter Darstellung. Wenn ich's mache, da solln sich die
Zuschauer nur vorsehn mit den Augen! Ich werde Stür-
me erregen. Ich werde jämmerlich sein, im Großen und

Ercles rarely, or a part to tear a cat in, to make all split. 25

> The raging rocks,
> And shivering shocks,
> Shall break the locks
>   Of prison-gates;
> And Phibbus' car 30
> Shall shine from far
> And make and mar
>   The foolish fates.

This was lofty. Now name the rest of the players. This
is Ercles' vein, a tyrant's vein: a lover is more condoling. 35

QUINCE: Francis Flute, the bellows-mender?

FLUTE: Here, Peter Quince.

QUINCE: Flute, you must take Thisbe on you.

FLUTE: What is Thisbe? A wandering knight?

QUINCE: It is the lady that Pyramus must love. 40

FLUTE: Nay, faith, let not me play a woman: I have a beard
coming.

QUINCE: That's all one: you shall play it in a mask; and you
may speak as small as you will.

BOTTOM: And I may hide my face, let me play Thisbe too. 45
I'll speak in a monstrous little voice: »Thisne, Thisne!« –
»Ah, Pyramus, my lover dear! thy Thisbe dear, and lady
dear!«

QUINCE: No, no, you must play Pyramus; and Flute, you
Thisbe. 50

BOTTOM: Well, proceed.

QUINCE: Robin Starveling, the tailor?

STARVELING: Here, Peter Quince.

QUINCE: Robin Starveling, you must play Thisbe's mother.
Tom Snout, the tinker? 55

Ganzen. − Jetzt die andern. − Aber die eigentliche
Talentbegabung hab ich zum Tyrannen. Den Erkulas
könnt ich einzigartig spielen oder eine Rolle zum Stein-
erweichen, dass sich die Balken biegen:

> Komm, Felskoloss,
> Renn, rotes Ross,
> Zerschlagt das Schloss
> Am Kerkertor.
> Der Sonne Stich
> Zerschmettre dich
> Auf ewiglich,
> O Parzenchor.

Das war tief! − Jetzt nenn die übrigen Schauspieler. −
Das ist so der Erkulas-Ton, das Tyrannen-Gedröhn! Ein
Liebhaber ist mehr bedauerlich.

SQUENZ: Franz Flaut, der Blasbalgflicker?

FLAUT: Hier, Peter Squenz.

SQUENZ: Flaut, du musst Thisbe auf dich nehmen.

FLAUT: Was ist Thisbe? − ein fahrender Ritter?

SQUENZ: Das ist das Fräulein, das Pyramus lieben muss.

FLAUT: Nee, wirklich, lass mich keine Frau spielen − ich
krieg Bartstoppeln.

SQUENZ: Das bleibt sich gleich: du sollst mit Maske spielen, und du kannst so hauchig sprechen, wie du willst.

ZETTEL: Wenn ich mein Gesicht verstecken darf, lass mich
auch die Thisbe dazu spielen. Ich werd in ganz mons-
truös hauchiger rauchiger Stimme sprechen: »Thisbe,
Thisbe!« − »Ach Pyramus, mein Liebster schön, dein
Thisbchen schön und Fröilein schön!«

SQUENZ: Nein, nein, du musst den Pyramus spielen, und
Flaut, du die Thisbe.

ZETTEL: Also weiter.

SQUENZ: Matz Schlucker, der Schneider?

SCHLUCKER: Hier, Peter Squenz.

SQUENZ: Matz Schlucker, du musst Thisbes Mutter spielen.
Tom Schnauz, der Kesselflicker?

SNOUT: Here, Peter Quince.

QUINCE: You, Pyramus' father; myself, Thisbe's father; Snug the joiner, you the lion's part. And I hope here is a play fitted.

SNUG: Have you the lion's part written? Pray you, if it be, give it me; for I am slow of study. 60

QUINCE: You may do it extempore, for it is nothing but roaring.

BOTTOM: Let me play the lion too. I will roar, that I will do any man's heart good to hear me. I will roar, that I will make the Duke say: »Let him roar again; let him roar again!« 65

QUINCE: And you should do it too terribly, you would fright the Duchess and the ladies, that they would shriek: and that were enough to hang us all. 70

ALL: That would hang us, every mother's son.

BOTTOM: I grant you, friends, if you should fright the ladies out of their wits, they would have no more discretion but to hang us. But I will aggravate my voice so, that I will roar you as gently as any sucking dove; I will roar you and 'twere any nightingale. 75

QUINCE: You can play no part but Pyramus: for Pyramus is a sweet-faced man; a proper man as one shall see in a summer's day; a most lovely, gentleman-like man: therefore you must needs play Pyramus. 80

BOTTOM: Well, I will undertake it. What beard were I best to play it in?

QUINCE: Why, what you will.

BOTTOM: I will discharge it in either your straw-colour beard, your orange-tawny beard, your purple-in-grain beard, or your French-crown-colour beard, your perfect yellow. 85

SCHNAUZ: Hier, Peter Squenz.

SQUENZ: Du vom Pyramus den Vater, ich selbst von Thisbe den Vater. Schnock, der Schreiner, du gibst den Löwen, und das nenn ich ein Stück auf die Beine stellen.

SCHNOCK: Hast du die Löwenrolle schriftlich? Wenn ja, dann gib sie mir, ich tu mich schwer beim Studieren.

SQUENZ: Du kannst das extemporiert machen, es ist nur Gebrülle.

ZETTEL: Lass mich auch den Löwen spielen. Ich will brüllen, dass jedem das Herz im Leib aufgeht, wenn er mich hört. Ich will brüllen, dass ich den Herzog sagen mache: »Noch mal brüllen, noch mal brüllen!«

SQUENZ: Wenn du zu schrecklich brüllst, würdest du die Herzogin und die Damen erschrecken, dass sie kreischen, und das wär genug, um uns alle an den Galgen zu bringen.

ALLE: Ja, das würd uns an den Galgen bringen, einen wie den andern.

ZETTEL: Das geb ich euch zu, Freunde, wenn ihr die Damen so erschreckt, dass sie um den Verstand kommen, da wärn sie verständnislos genug, uns aufzuhängen. Aber ich will mir auf die Stimme drücken, dass ich euch so sanft brülle wie ein saugendes Milchtäubchen. Ich will euch was brüllen, als wär's eine Nachtigall.

SQUENZ: Du kannst keine Rolle spielen als den Pyramus, denn der Pyramus ist ein Mann mit einem Marzipangesicht, ein properer Mann, wie man ihn nur alle Schaltjahr zu sehen kriegt; ein einnehmender, schöner, stattlicher Ehrenmann. Deshalb musst unbedingt du den Pyramus spielen.

ZETTEL: Gut, ich nehm's auf mich. Mit was für einem Bart tät ich ihn wohl am besten spielen?

SQUENZ: Ganz wie du willst.

ZETTEL: Ich werd ihn abliefern entweder in einem strohfarbenen Bart oder in einem orangefarbenen Bart oder in einem karmesinrot-gescheckten Bart oder in einem französisch-doublon-goldenen Bart, ganz in Gelb.

QUINCE: Some of your French crowns have no hair at all, and then you will play bare-faced. But, masters, here are your parts; and I am to entreat you, request you, and 90 desire you, to con them by tomorrow night; and meet me in the palace wood, a mile without the town, by moonlight; there will we rehearse, for if we meet in the city, we shall be dogged with company, and our devices known. In the meantime I will draw a bill of properties, 95 such as our play wants. I pray you fail me not.

BOTTOM: We will meet, and there we may rehearse most obscenely and courageously. Take pains, be perfect: adieu!

QUINCE: At the Duke's oak we meet.   100

BOTTOM: Enough: hold, or cut bow-strings.

Exeunt.

SQUENZ: Wer sich was Französisches holt, kriegt über kurz oder lang Haarausfall – gib Acht, dass du ihn nicht glatt wie ein Kinderpopo spielst! Aber, Meisters, hier sind eure Rollen, und ich muss euch bitten, ersuchen und auffordern, sie bis morgen Nacht auswendig zu memorieren, und trefft mich im Schlosswald eine Meile vor der Stadt im Mondschein. Dort wolln wir Probe abhalten; denn wenn wir uns in der Stadt versammeln, schnüffeln lauter Zuhörer um uns herum, und alles wird ausspioniert. Inzwischen werd ich eine Liste mit den Requisiten aufschreiben, die unser Stück braucht. Ich bitte euch, versetzt mich nicht.

ZETTEL: Wir werden kommen, und dort können wir hemmungslos krampfhaft probieren. Gebt euch Mühe, lernt den Text. Adieu!

SQUENZ: Bei der Herzogseiche treffen wir uns.

ZETTEL: Es bleibt dabei! Kommt mit Hals- und Beinbruch.

Alle ab.

ACT II

Scene I

*Enter a Fairy at one door, and
Puck at another.*

PUCK:
How now, spirit! Whither wander you?
FAIRY:
> Over hill, over dale,
>   Thorough bush, thorough briar,
> Over park, over pale,
>   Thorough flood, thorough fire,   5
> I do wander everywhere,
> Swifter than the moon's sphere;
> And I serve the Fairy Queen,
> To dew her orbs upon the green.
> The cowslips tall her pensioners be,   10
> In their gold coats spots you see;
> Those be rubies, fairy favours,
> In those freckles live their savours.
> I must go seek some dew-drops here,
> And hang a pearl in every cowslip's ear.   15
Farewell, thou lob of spirits; I'll be gone;
Our Queen and all her elves come here anon.
PUCK:
The King doth keep his revels here tonight;
Take heed the Queen come not within his sight;
For Oberon is passing fell and wrath,   20
Because that she as her attendant hath
A lovely boy, stol'n from an Indian king –
She never had so sweet a changeling;
And jealous Oberon would have the child
Knight of his train, to trace the forests wild: 25
But she perforce withholds the loved boy,

ZWEITER AKT

1. Szene

*Puck (Robin Gutfreund) und ein
Elf treten auf.*

PUCK:

He, du da, Waldgespenst, wohin des Wegs?

ELF:

Über Berg, über Tal,
  Durch Gebüsch und Gemäuer,
Über Pflock, über Pfahl,
  Durch die Flut und das Feuer –
Eil ich wie ein Echohall
Schneller als der Mond im All,
Dien der Königin der Feen,
Muss Tau auf ihre Wiese säen.
Primeln sind ihr Hofgeleit –
Flecken auf dem goldnen Kleid
Sind Rubine, Feengaben,
Duften aus Juwelenwaben.
  Tauperlen sammle ich auf meinen Gängen,
  Muss sie den Primeln in die Ohren hängen.
Leb wohl, du Geisteraugust, ich muss fort,
Die Königin, die Elfen kommen dort.

PUCK:

Oberon feiert hier sein Fest. Gib Acht,
Dass sie ihm nicht vor Augen kommt heut Nacht,
Denn er spuckt Gift und Hass. Tja, er beneidet
Sie um den Knaben, der sie jetzt begleitet,
Den sie in Indien dem König stahl.
Ein schönres Wechselkind als dieses Mal
Besaß sie nie. Voll Neid will diesen Knaben
Als Knappen Oberon nun selber haben.
Sie aber gibt den süßen Fratz nicht her,

Crowns him with flowers, and makes him all her joy.
And now they never meet in grove or green,
By fountain clear, or spangled starlight sheen,
But they do square; that all their elves for fear   30
Creep into acorn-cups, and hide them there.
FAIRY:
Either I mistake your shape and making quite,
Or else you are that shrewd and knavish sprite
Call'd Robin Goodfellow. Are not you he
That frights the maidens of the villagery,   35
Skim milk, and sometimes labour in the quern,
And bootless make the breathless housewife churn,
And sometime make the drink to bear no barm,
Mislead night-wanderers, laughing at their harm?
Those that Hobgoblin call you, and sweet Puck,   40
You do their work, and they shall have good luck.
Are not you he?
PUCK: Thou speak'st aright;
I am that merry wanderer of the night.
I jest to Oberon, and make him smile
When I a fat and bean-fed horse beguile,   45
Neighing in likeness of a filly foal;
And sometime lurk I in a gossip's bowl
In very likeness of a roasted crab,
And when she drinks, against her lips I bob,
And on her wither'd dewlap pour the ale.   50
The wisest aunt, telling the saddest tale,
Sometime for three-foot stool mistaketh me;
Then slip I from her bum, down topples she,
And »tailor« cries, and falls into a cough;
And then the whole quire hold their hips and loffe   55
And waxen in their mirth, and neeze, and swear
A merrier hour was never wasted there.
But room, fairy! Here comes Oberon.
FAIRY:
And here my mistress. Would that he were gone!

Kränzt ihn mit Blümchen und genießt ihn sehr.
Wenn sie sich treffen, sei's am Wiesenbach,
Im Hain, im Sternenschein – da gibt's nur Krach
Und Streiterei, dass jeder Elf erschreckt
In einen Eichelbecher kriecht und sich versteckt.

ELF:

Ich kenn dich so vom Ansehn nicht genug,
Doch bist du nicht der schadenfrohe Spuk,
Der Robin Gutfreund heißt? Der Poltergeist,
Der nachts die Mädchen an den Haaren reißt,
Der Milch versauert, in der Mühle steckt,
Der gern im frischen Bier die Hefe weckt,
Der in der Mehlschwitz diese Klumpen macht,
Nachtwandrer irreführt und dann noch lacht?
Doch wer dich »Puck, der Gute« nennt, der hat
Bei allem Glück und alles geht ihm glatt?
Bist du nicht der?

PUCK: Du hast mich gut erkannt.
Ich werd der Schabernack der Nacht genannt.
Selbst Oberon lacht über meine Witze,
Wenn ich den voll gefressnen Hengst erhitze,
Indem ich brünstig wiehere als Stute.
Und ist mir nach Besonderem zumute,
Versteck ich mich im Mostglas der Frau Base
Und spring ihr, will sie trinken, an die Nase
Und kipp den Saft auf ihre Hängebrust.
Es hielt schon manches Klatschweib unbewusst
Mich für den Schemel, wirr im Redeschwall.
Dann schlüpf ich weg, und sie tut einen Fall
Voll auf den Arsch, schreit »hoppla, autsch!« und hustet.
Da schlägt sich jeder auf die Knie und prustet,
Kichert, wiehert, brüllt und lacht und schwört,
Ein solcher Spaß sei einfach unerhört.
Jetzt mach dich fort, Elf, hier kommt Oberon.

ELF:

Und hier die Königin! Ging er doch bloß davon!

*Enter Oberon, the King of Fairies, at
one door, with his Train; and Titania,
the Queen, at another, with hers.*

OBERON:

Ill met by moonlight, proud Titania.   60

TITANIA:

What, jealous Oberon? Fairies, skip hence;
I have forsworn his bed and company.

OBERON:

Tarry, rash wanton; am not I thy lord?

TITANIA:

Then I must be thy lady; but I know
When thou hast stol'n away from fairy land,   65
And in the shape of Corin, sat all day
Playing on pipes of corn, and versing love
To amorous Phillida. Why art thou here,
Come from the farthest step of India,
But that, forsooth, the bouncing Amazon,   70
Your buskin'd mistress and your warrior love,
To Theseus must be wedded, and you come
To give their bed joy and prosperity?

OBERON:

How canst thou thus, for shame, Titania,
Glance at my credit with Hippolyta,   75
Knowing I know thy love to Theseus?
Didst not thou lead him through the glimmering night
From Perigouna, whom he ravished;
And make him with fair Aegles break his faith,
With Ariadne and Antiopa?   80

TITANIA:

These are the forgeries of jealousy:
And never, since the middle summer's spring,
Met we on hill, in dale, forest or mead,
By paved fountain, or by rushy brook,
Or in the beached margent of the sea,   85
To dance our ringlets to the whistling wind,

*Oberon, der König der Elfen, und
Titania, die Königin, treten mit
Gefolge von verschiedenen Seiten auf.*

OBERON:

Das trifft sich schlecht im Mondlicht, stolzes Biest!

TITANIA:

Neidhammel Oberon? Komm, Elf, wir gehn.
Ich hab ihm Bett und Umgang abgeschworen.

OBERON:

Aas, hier geblieben! Bin ich nicht dein Gatte?

TITANIA:

Dann wär ich deine Gattin. Doch ich weiß,
Wie du dich aus dem Feenland geschlichen
Und als Corinn, der Schäfer, tagelang
Schalmei geflötet hast und süß geschmalzt
Um Herzblatt Phillida. Warum kommst du
Grad jetzt vom letzten Winkel Hinterindiens?
Doch nur, weil diese pralle Amazone,
Dein Flintenweib, dein kriegerischer Schwarm,
Den Theseus ehelicht? – und du bist hier,
Um ihrem Bett Spaß und Erfolg zu wünschen.

OBERON:

Wo nimmst du nur die Frechheit her, mir die
Hippolyta hier vorzuwerfen, wo
Du weißt, dass ich von dir und Theseus weiß?
Hast du ihn nicht in heißer Nacht gelockt
Von Perigenia, die er entehrte,
Hast *du* nicht ihn zum Treuebruch verführt
An Aegle, Ariadne und Antiopa?

TITANIA:

Alles nur Einbildung aus Eifersucht.
Seit Sommeranfang trafen wir uns nie
Am Berg, im Tal, in Wäldern oder Wiesen,
An Kieselquellen oder Wasserfällen,
Am weißen Küstenstrand der See, um nach
Des Windes Pfeife dort zu tanzen, dass

But with thy brawls thou has disturb'd our sport.
Therefore the winds, piping to us in vain,
As in revenge have suck'd up from the sea
Contagious fogs; which, falling in the land,   90
Hath every pelting river made so proud
That they have overborne their continents.
The ox hath therefore stretch'd his yoke in vain,
The ploughman lost his sweat, and the green corn
Hath rotted ere his youth attain'd a beard;   95
The fold stands empty in the drowned field,
And crows are fatted with the murrion flock;
The nine-men's-morris is fill'd up with mud,
And the quaint mazes in the wanton green
For lack of tread are undistinguishable.   100
The human mortals want their winter cheer:
No night is now with hymn or carol blest.
Therefore the moon, the governess of floods,
Pale in her anger, washes all the air,
That rheumatic diseases do abound.   105
And thorough this distemperature we see
The seasons alter: hoary-headed frosts
Fall in the fresh lap of the crimson rose;
And on old Hiems' thin and icy crown,
An odorous chaplet of sweet summer buds   110
Is, as in mockery, set; the spring, the summer,
The childing autumn, angry winter, change
Their wonted liveries; and the mazed world,
By their increase, now knows not which is which.
And this same progeny of evils comes   115
From our debate, from our dissension;
We are their parents and original.

OBERON:

Do you amend it then: it lies in you.
Why should Titania cross her Oberon?
I do but beg a little changeling boy   120
To be my henchman.

Nicht du mit Stänkerei uns allen Spaß verdirbst.
Der Wind, der uns vergeblich pfiff, hat sich
Dafür gerächt: er riss aus tiefer See
Giftige Nebel, die fielen in das Land
Und ließen jedes Rinnsal stolzgeschwellt
Aus seinem Bett in Feld und Wiesen steigen.
Der Ochse stemmte sich umsonst ins Joch,
Umsonst war Bauernschweiß, denn jung verfault
Das Korn, bevor der Ähren Stachelbart
Ihm sprießt – ersäufte Felder, leere Hürden,
Und Krähen mästen sich am kranken Vieh.
Die Reitbahn sinkt in Schlamm, das Labyrinth
Aus Buchsbaumhecken wuchert ohne Pflege
Ununterscheidbar filzig ins Gestrüpp.
Die Menschen beten, dass der Winter kommt.
Die Nacht hört weder Lied noch Dankgebet.
Drum wäscht der Mond, der Herrscher aller Fluten,
In bleichem Zorn die Nachtluft feucht und klamm,
Dass Fieberkrankheit sich verbreiten muss.
Durch die Zerrüttung weit und breit ändern
Sich Jahreszeiten: denn weißpelzig beißt
Der Frost sich in den Schoß der Purpurrose,
Und die kristallne, eisbereifte Krone
Des Winterkönigs schmücken Sommerknospen
Wie zum Gespött. Das Frühjahr und der Sommer,
Der Ernteherbst, der rauhe Winter tauschen
Die Kleider unter sich – die Welt wird irr
An ihren Früchten, weiß nicht, wer was ist.
Und diese ganze üble Brut des Bösen
Entspringt aus unserm Streit und Widerspruch.
Wir sind die Anstifter und die Erzeuger.
Oberon:
  Schaff du doch Abhilfe! Es liegt an dir!
  Was legst du mir auch Steine in den Weg?
  Ich will ja nur den kleinen Wechselbalg
  Als Knappen haben.

TITANIA: Set your heart at rest:
 The fairy land buys not the child of me.
 His mother was a votress of my order;
 And in the spiced Indian air, by night,
 Full often hath she gossip'd by my side;   125
 And sat with me on Neptune's yellow sands,
 Marking th'embarked traders on the flood:
 When we have laugh'd to see the sails conceive
 And grow big-bellied with the wanton wind;
 Which she, with pretty and with swimming gait   130
 Following (her womb then rich with my young squire),
 Would imitate, and sail upon the land
 To fetch me trifles, and return again
 As from a voyage rich with merchandise.
 But she, being mortal, of that boy did die;   135
 And for her sake do I rear up her boy;
 And for her sake I will not part with him.
OBERON:
 How long within this wood intend you stay?
TITANIA:
 Perchance till after Theseus' wedding-day.
 If you will patiently dance in our round,   140
 And see our moonlight revels, go with us;
 If not, shun me, and I will spare your haunts.
OBERON:
 Give me that boy, and I will go with thee.
TITANIA:
 Not for thy fairy kingdom. Fairies, away!
 We shall chide downright if I longer stay.   145
    Exeunt Titania and her Train.
OBERON:
 Well, go thy way; thou shalt not from this grove
 Till I torment thee for this injury.
 My gentle Puck, come hither. Thou rememb'rest
 Since once I sat upon a promontory,
 And heard a mermaid on a dolphin's back   150

TITANIA: Schlag's dir aus dem Kopf.
  Dein Feenland bezahlt mir nicht das Kind!
  Schon seine Mutter war aus meinem Orden
  Und hat in Indiens duftiger Luft
  So manche Nacht im Tratsch mit mir verbracht;
  Saß neben mir auf Neptuns gelbem Sand
  Und sah den Handelsschiffen nach auf See
  Und lachte mit, schwoll einem Segel dort
  Der dicke Bauch, vom Windbock geil geschwängert.
  Dies äffte sie mit steifen Schritten nach –
  Ihr Bauch trug damals reich an ihrem Kind –
  Und segelte so schaukelnd über Land,
  Mir Krimskrams zu besorgen, kehrte dann
  Mit reichen Waren heim wie von der Reise.
  Doch sie als Sterbliche starb an dem Kind,
  Und ihr zuliebe ziehe ich es groß,
  Und ihr zuliebe geb ich es nicht her.
OBERON:
  Wie lange hast du vor, im Wald zu bleiben?
TITANIA:
  Vielleicht bis nach des Theseus Hochzeitstag.
  Willst du gesittet unsern Reigen tanzen
  Und unser Mondspektakel sehn – komm mit.
  Sonst geh mir aus dem Weg, so wie ich dir.
OBERON:
  Gib mir den Knaben, und ich gehe mit.
TITANIA:
  Nicht für dein Feenreich! Elfen, wir gehn.
  Es gibt nur Streit, ich hab es kommen sehn.
                    Titania und Gefolge ab.
OBERON:
  Geh nur. Du kommst nicht raus aus diesem Wald,
  Eh du mir deine Unverschämtheit büßt.
  Mein Puck, komm her. Erinnerst du dich noch,
  Ich saß einmal auf einem Vorgebirge,
  Als eine Meerjungfrau delphingetragen

Uttering such dulcet and harmonious breath
That the rude sea grew civil at her song
And certain stars shot madly from their spheres
To hear the sea-maid's music?
PUCK: I remember.
OBERON:
That very time I saw (but thou couldst not),   155
Flying between the cold moon and the earth,
Cupid all arm'd: a certain aim he took
At a fair vestal, throned by the west,
And loos'd his love-shaft smartly from his bow
As it should pierce a hundred thousand hearts.   160
But I might see young Cupid's fiery shaft
Quench'd in the chaste beams of the watery moon;
And the imperial votress passed on,
In maiden meditation, fancy-free.
Yet mark'd I where the bolt of Cupid fell: 165
It fell upon a little western flower,
Before milk-white, now purple with love's wound:
And maidens call it »love-in-idleness«.
Fetch me that flower; the herb I show'd thee once.
The juice of it, on sleeping eyelids laid,   170
Will make or man or woman madly dote
Upon the next live creature that it sees.
Fetch me this herb, and be thou here again
Ere the leviathan can swim a league.
PUCK:
I'll put a girdle round about the earth   175
In forty minutes.
                         [Exit.]
OBERON: Having once this juice,
I'll watch Titania when she is asleep,
And drop the liquor of it in her eyes:
The next thing then she waking looks upon
(Be it on lion, bear, or wolf, or bull,   180
On meddling monkey, or on busy ape)

So sphärenhelle Harmonien sang,
Dass auch die grobe See ganz höflich wurde
Und Sterne rasend aus dem Himmel schossen,
Der Seejungfrau Gesang zu hören?

PUCK: Ja, ich weiß.

OBERON:
Ich sah damals, was du nicht sehen konntest:
Wie Amor durch die Kälte zwischen Mond
Und Erde flog auf Pirsch. Er zielte scharf
Nach der Vestalin, die im Westen thront,
Und schnellte seinen Liebespfeil vom Bogen,
Wie um Millionen Herzen zu durchbohren.
Ich sah jedoch, wie dieser Feuerpfeil
Im feuchten Licht des Nebelmonds erlosch,
Und jene Himmelsgöttin ging davon,
Tief in Gedanken und von Liebe frei.
Da gab ich Acht, was mit dem Pfeil geschah:
Er traf im Westen eine kleine Blume,
Milchweiß zuerst, nun purpurn liebeswund:
Bei Mädchen heißt sie »Blümchen Liebeschön«.
Hol mir das Kraut – ich hab es dir gezeigt.
Der Saft, im Schlaf aufs Augenlid getropft,
Zwingt Mann wie Frau zur Liebesraserei
Beim ersten Blick aufs nächste, beste Wesen.
Hol mir die Blume und sei wieder hier,
Bevor die Meeresschlange zweimal taucht.

PUCK:
Rund um die Erde zieh ich einen Gürtel
In drei mal drei Minuten.
                              Ab.

OBERON: Hab ich erst den Saft,
Verfolge ich Titania, bis sie schläft,
Und träufle ihr davon in beide Augen.
Das Erste, was sie beim Erwachen sieht –
Sei's Löwe oder Bär, Wolf oder Stier,
Sei's Keckeraffe oder Pavian –,

She shall pursue it with the soul of love.
And ere I take this charm from off her sight
(As I can take it with another herb)
I'll make her render up her page to me.   185
But who comes here? I am invisible;
And I will overhear their conference.

Enter Demetrius,
Helena following him.

DEMETRIUS:
I love thee not, therefore pursue me not.
Where is Lysander and fair Hermia?
The one I'll slay, the other slayeth me.   190
Thou told'st me they were stol'n unto this wood;
And here am I, and wood within this wood
Because I cannot meet my Hermia.
Hence, get thee gone, and follow me no more.
HELENA:
You draw me, you hard-hearted adamant –   195
But yet you draw not iron, for my heart
Is true as steel. Leave you your power to draw,
And I shall have no power to follow you.
DEMETRIUS:
Do I entice you? Do I speak you fair?
Or rather do I not in plainest truth   200
Tell you I do not, nor I cannot love you?
HELENA:
And even for that do I love you the more.
I am your spaniel; and, Demetrius,
The more you beat me, I will fawn on you.
Use me but as your spaniel, spurn me, strike me,   205

Neglect me, lose me; only give me leave,
Unworthy as I am, to follow you.
What worser place can I beg in your love –
And yet a place of high respect with me –
Than to be used as you use your dog?   210

Selig verliebt wird sie ihm folgen müssen.
Und eh ich ihren Blick vom Zauber löse —
Wie ich es kann mit einem andern Kraut —,
Hat sie mir diesen Pagen abzutreten.
Wer kommt denn dort? Unsichtbar, wie ich bin,
Will ich die beiden im Gespräch belauschen.

Demetrius tritt auf,
verfolgt von Helena.

DEMETRIUS:
Ich lieb dich nicht, darum verfolg mich nicht.
Wo ist Lysander, wo ist Hermia?
Ihn morde ich, und sie ermordet mich.
Du sagtest doch, sie flohen in den Wald;
Da bin ich nun und holze durchs Gehölz
Wie irr und kann doch Hermia nirgends finden.
Lass mich in Ruhe, folg mir nicht, zieh ab!

HELENA:
Du ziehst mich an, hartherziger Magnet!
Du bist der Nordpol, ich die Kompassnadel.
Mein treues Stahlherz fühlt sich angezogen.
Sei nicht so anziehend, dann bleib ich weg.

DEMETRIUS:
Mach ich dir schöne Augen? Schmacht ich dich an?
Sag ich dir nicht vielmehr glatt ins Gesicht,
Ich lieb dich nicht und kann dich niemals lieben?

HELENA:
Und grad deswegen lieb ich dich noch mehr.
Ich bin dein Spaniel; und, Demetrius,
Je mehr du schlägst, so mehr werd ich scharwenzeln.
Benutz mich ruhig als Hund: los, tritt mich, schlag
                                                    mich,
Verachte und verlier mich, nur lass zu,
Dass ich dir folge, bin ich's auch nicht wert.
Kann ich noch einen schlechtern Platz erbitten
In deinem Herz — mir wär's ein Ehrenplatz! —,
Wenn du mich Hündchen schon als Hund behandelst?

DEMETRIUS:

   Tempt not too much the hatred of my spirit;

   For I am sick when I do look on thee.

HELENA:

   And I am sick when I look not on you.

DEMETRIUS:

   You do impeach your modesty too much

   To leave the city and commit yourself   215

   Into the hands of one that loves you not,

   To trust the opportunity of night

   And the ill counsel of a desert place

   With the rich worth of your virginity.

HELENA:

   Your virtue is my privilege: for that   220

   It is not night when I do see your face,

   Therefore I think I am not in the night;

   Nor doth this wood lack worlds of company,

   For you, in my respect, are all the world;

   Then how can it be said I am alone,   225

   When all the world is here to look on me?

DEMETRIUS:

   I'll run from thee and hide me in the brakes,

   And leave thee to the mercy of wild beasts.

HELENA:

   The wildest hath not such a heart as you.

   Run when you will; the story shall be chang'd: 230

   Apollo flies, and Daphne holds the chase;

   The dove pursues the griffin, the mild hind

   Makes speed to catch the tiger – bootless speed,

   When cowardice pursues and valour flies!

DEMETRIUS:

   I will not stay thy questions; let me go,   235

   Or if thou follow me, do not believe

   But I shall do thee mischief in the wood.

HELENA:

   Ay, in the temple, in the town, the field,

DEMETRIUS:

Geh nicht zu weit, du spielst mit meinem Hass!
Mir wird schon übel, wenn ich dich nur sehe.

HELENA:

Und mir wird übel, wenn ich dich nicht sehe.

DEMETRIUS:

Schindluder treibst du hier mit deinem Ruf,
Wie du die Stadt verlässt und einem Mann
Dich in die Hände gibst, der dich nicht liebt,
Wie du den Schatz deiner Jungfräulichkeit
Der kupplerischen Nacht, den Lockungen
Der einsamen Umgebung anvertraust.

HELENA:

Mein bester Schutz ist deine Tugend, denn
Es ist nicht Nacht, strahlt mir nur dein Gesicht.
Drum seh ich keine Nacht um mich herum.
Noch fehlen hier die Welten der Gesellschaft,
Denn du bist halt für mich die ganze Welt.
Wer kann da sagen, ich wär hier allein,
Wenn alle Welt versammelt ist und schaut?

DEMETRIUS:

Ich lauf davon, ich krieche ins Gebüsch
Und überlass dich hier den wilden Tieren.

HELENA:

Das wildeste hat noch mehr Herz als du.
Renn, wenn du willst, die Sage kehrt sich um:
Apollo flieht, und Daphne jagt ihm nach.
Die Taube jagt den Greif, das zarte Reh
Hetzt einen Tiger – Hetze ohne Sinn,
Wenn Feigheit stürmt und Tapferkeit entflieht.

DEMETRIUS:

Ich hör mir das nicht länger an. Lass los.
Wenn du mir folgst, dann mach dich drauf gefasst,
Ich tu dir noch was an in diesem Wald.

HELENA:

Ja – in der Stadt, im Tempel, auf dem Land,

You do me mischief. Fie, Demetrius!
Your wrongs do set a scandal on my sex.   240
We cannot fight for love, as men may do;
We should be woo'd, and were not made to woo.
    [Exit Demetrius.]
I'll follow thee, and make a heaven of hell,
To die upon the hand I love so well.
    Exit.

OBERON:

Fare thee well, nymph; ere he do leave this grove   245
Thou shalt fly him, and he shall seek thy love.
    Enter Puck.
Hast thou the flower there? Welcome, wanderer.

PUCK:

Ay, there it is.

OBERON: I pray thee give it me.
I know a bank where the wild thyme blows,
Where oxlips and the nodding violet grows,   250
Quite over-canopied with luscious woodbine,
With sweet musk-roses, and with eglantine.
There sleeps Titania sometime of the night,
Lull'd in these flowers with dances and delight;
And there the snake throws her enamell'd skin,   255
Weed wide enough to wrap a fairy in;
And with the juice of this I'll streak her eyes,
And make her full of hateful fantasies.
Take thou some of it, and seek through this grove:
A sweet Athenian lady is in love   260
With a disdainful youth; anoint his eyes;
But do it when the next thing he espies
May be the lady. Thou shalt know the man
By the Athenian garments he hath on.
Effect it with some care, that he may prove   265
More fond on her than she upon her love:
And look thou meet me ere the first cock crow.

Da tust du mir was an. O pfui, Demetrius!
Durch dein Betragen schänd ich mein Geschlecht.
Um Liebe kämpfen kann zur Frau nicht passen.
Uns soll man werben, nicht uns werben lassen.

Demetrius ab.

Ich folge dir! Ein höllischer Genuss,
Wenn ich durch seine Hand nun sterben muss.

Ab.

OBERON:

Nymphe, lauf zu. Eh ihr den Wald verlasst,
Dreh ich's, dass er dich liebt und du ihn hasst.

Puck tritt auf.

Bringst du die Blume schon? Willkommen, Wandrer.

PUCK:

Jawohl, hier hab ich sie.

OBERON: Dann gib sie her.

Ich weiß den Ort, wo wilder Enzian blaut,
Wo Thymian blüht und Goldklee, Moschuskraut
Und süße Wolfsmilch wächst, wo Anemonen,
Jasmin und Mohn im Geißblattschatten wohnen.
Dort schläft Titania manche Nacht und liegt
Von Tanz und Lied in Blumen eingewiegt.
Smaragdner Schlangen buntes Schuppenkleid
Liegt dort – als Elfenmantel viel zu weit.
Hab ich Titanias Augen erst benetzt
Mit Saft, wird sie in Ekeltraum versetzt.
Nimm auch davon und such im Waldeskreis
Ein Mädchen aus Athen, das liebesheiß
Für einen Laffen schwärmt – den salbst du dick,
Doch so, dass gleich sein allererster Blick
Das Mädchen trifft. Erkennbar ist der Mann
Sehr leicht, er hat Athener Kleider an.
Und geh mit Sorgfalt vor, damit zum Schluss
Er sie viel mehr als sie ihn lieben muss.
Und triff mich hier beim ersten Hahnenschrei.

PUCK:

Fear not, my lord, your servant shall do so.

Exeunt.

Scene II

*Enter Titania, Queen of Fairies,
with her Train.*

TITANIA:

Come, now a roundel and a fairy song;
Then for the third part of a minute, hence:
Some to kill cankers in the musk-rose buds;
Some war with reremice for their leathern wings,
To make my small elves coats; and some keep back　　　5
The clamorous owl, that nightly hoots and wonders
At our quaint spirits. Sing me now asleep;
Then to your offices, and let me rest.

The Fairies sing.

FIRST FAIRY:

You spotted snakes with double tongue,
Thorny hedgehogs, be not seen;　　　　　　　　　10
Newts and blind-worms, do no wrong,
Come not near our fairy queen.

CHORUS:

Philomel, with melody,
Sing in our sweet lullaby;
Lulla, lulla, lullaby; lulla, lulla, lullaby;　　　　　15
Never harm,
Nor spell, nor charm,
Come our lovely lady nigh;
So goodnight, with lullaby.

FIRST FAIRY:

Weaving spiders, come not here;　　　　　　　　　20
Hence, you long-legg'd spinners, hence!

PUCK:

Nur keine Angst, mein Fürst, bin schon dabei.
Oberon und Puck ab.

2. Szene
Titania und Gefolge.

TITANIA:

Kommt, schnell den Reigen und ein Feenlied.
Dann alle ein Minutendrittel fort:
Ihr tötet Raupen in den Moschusrosen,
Und ihr erbeutet mir die Lederflügel
Der Fledermäuse für die Elfenkleider.
Und ihr verjagt den Kauz, den Nachtkrakeeler,
Der kreischend über unser Treiben staunt.
Singt mich in Schlaf, ans Werk, und lasst mich ruhn.
Elfen singen.

ERSTER ELF:

Schuppenschlangen, schlängelt euch,
Stachelschwein, lass dich nicht sehn.
Blindschleich, Molch und Lurch, entfleuch!
Flieht die Königin der Feen.

CHOR:

Nachtigall, sing süß wie nie,
Sing uns deine Melodie,
Türi türi türili, türi türi türili.
Dunkle Nacht,
Gut verbracht,
Fluch und Zauber treff sie nie.
Wiege dich in Harmonie.

ERSTER ELF:

Tausendfüßler, tummel dich,
Spinnentiere, spinnt euch weg!

Beetles black, approach not near;
Worm nor snail, do no offence.
CHORUS:

Philomel, with melody,
Sing in our sweet lullaby; 25
Lulla, lulla, lullaby; lulla, lulla, lullaby;
Never harm,
Nor spell, nor charm,
Come our lovely lady nigh;
So goodnight, with lullaby. 30
Titania sleeps.

SECOND FAIRY:

Hence, away! Now all is well;
One aloof stand sentinel.
[Exeunt Fairies.]
Enter Oberon [and squeezes the
juice on Titania's eyelids].

OBERON:

What thou seest when thou dost wake,
Do it for thy true love take;
Love and languish for his sake. 35
Be it ounce, or cat, or bear,
Pard, or boar with bristled hair,
In thy eye that shall appear
When thou wak'st, it is thy dear.
Wake when some vile thing is near. 40
[Exit.]
Enter Lysander and Hermia.

LYSANDER:

Fair love, you faint with wand'ring in the wood,
And, to speak troth, I have forgot our way.
We'll rest us, Hermia, if you think it good,
And tarry for the comfort of the day.

HERMIA:

Be it so, Lysander: find you out a bed, 45
For I upon this bank will rest my head.

Käfer, Mücken, keinen Stich,
Würmer, Schaben in den Dreck!

CHOR:

Nachtigall, sing süß wie nie,
Sing uns deine Melodie,
Türi türi türili, türi türi türili.
Dunkle Nacht,
Gut verbracht,
Fluch und Zauber treff sie nie.
Wiege dich in Harmonie.
Titania schläft.

ZWEITER ELF:

Alle fort! Gut wird's gehn.
Einer muss die Wache stehn.
Elfen ab.
Oberon tritt auf. Er tropft Titania
den Blumensaft auf die Augenlider.

OBERON:

Was du siehst, wirst du wach,
Gleich zu deinem Liebsten mach,
Lieb und leide tausendfach.
Sei es Panther, Kater, Luchs,
Sei es Wildschwein, Bär und Fuchs,
Was dein Auge hier erblickt,
Wirst du wach, dich entzückt,
Jedes Scheusal dich beglückt!
Oberon ab.
Lysander und Hermia treten auf.

LYSANDER:

Liebste, du hast vom Wandern lauter Blasen,
Und ich hab mich verirrt, dass ich's gleich sag;
Am besten rasten wir hier auf dem Rasen
Und warten auf den tröstlich neuen Tag.

HERMIA:

Mir recht. Dann such dir eine Ruhestätte,
Weil ich mich gleich hier auf die Wiese bette.

LYSANDER:

  One turf shall serve as pillow for us both;

  One heart, one bed, two bosoms, and one troth.

HERMIA:

  Nay, good Lysander; for my sake, my dear,

  Lie further off yet; do not lie so near.   50

LYSANDER:

  O take the sense, sweet, of my innocence!

  Love takes the meaning in love's conference.

  I mean that my heart unto yours is knit,

  So that but one heart we can make of it:

  Two bosoms interchained with an oath,   55

  So then, two bosoms and a single troth.

  Then by your side no bed-room me deny;

  For lying so, Hermia, I do not lie.

HERMIA:

  Lysander riddles very prettily.

  Now much beshrew my manners and my pride,   60

  If Hermia meant to say Lysander lied!

  But, gentle friend, for love and courtesy,

  Lie further off, in human modesty;

  Such separation as may well be said

  Becomes a virtuous bachelor and a maid,   65

  So far be distant; and good night, sweet friend:

  Thy love ne'er alter till thy sweet life end!

LYSANDER:

  Amen, amen, to that fair prayer say I;

  And then end life when I end loyalty!

  Here is my bed; sleep give thee all his rest.   70

HERMIA:

  With half that wish the wisher's eyes be press'd.

            They sleep. Enter Puck.

PUCK:

        Through the forest have I gone;

        But Athenian found I none

        On whose eyes I might approve

LYSANDER:

Ein Rasenstück sei Kissen für uns beide,
Ein Herz, ein Bett, zwei Busen Seit' an Seite.

HERMIA:

O nein, Lysander, sei so lieb zu mir,
Lieg weiter weg, lieg nicht so nah bei mir.

LYSANDER:

Liebste, du denkst von meiner Unschuld schlecht!
Was Liebe spricht, versteht die Liebe recht.
Ich mein', mein Herz ist so in deins verstrickt,
Dass für uns beide nur ein Herz sich schickt.
Ein Eid kettet zwei Herzen, meins an deins
Und deins an meins, das heißt, aus zwei mach eins.
Drum lass mich ruhig auf deinem Lager liegen,
Ich würde nie in solcher Lage lügen.

HERMIA:

Du drehst die Worte wirklich sehr geschickt.
Du dürftest sagen, dass mein Anstand trüge,
Wenn ich behauptet hätt, Lysander lüge.
Doch, lieber Freund, aus Lieb und Höflichkeit
Lieg weiter weg von wegen Sittsamkeit.
Ein keusches Mädchen muss die Trennung loben –
Ein tugendsamer Mann kann sich erproben.
Drum lieg auf Lücke bis zur Tageswende
Und liebe mich bis an dein Lebensende.

LYSANDER:

Amen, amen, will ich dazu sprechen.
Brech ich die Treu, will ich den Hals mir brechen.
Hier ist mein Bett: schlaf gut in aller Ruh.

HERMIA:

Der gleiche Wunsch drück dir die Augen zu.

Sie schlafen ein. Puck tritt auf.

PUCK:

Find im ganzen Walde nicht
Ein athenisches Gesicht,
Dass ich dieses Blümchen hier

This flower's force in stirring love.   75
Night and silence – Who is here?
Weeds of Athens he doth wear:
This is he my master said
Despised the Athenian maid;
And here the maiden, sleeping sound,   80
On the dank and dirty ground.
Pretty soul, she durst not lie
Near this lack-love, this kill-courtesy.
Churl, upon thy eyes I throw
All the power this charm doth owe: 85
            [He squeezes the flower on
                Lysander's eyes.]
When thou wak'st, let love forbid
Sleep his seat on thy eyelid.
So awake when I am gone;
For I must now to Oberon.
                    Exit.
            Enter Demetrius and Helena,
                    running.

HELENA:

Stay, though thou kill me, sweet Demetrius!   90
DEMETRIUS:

I charge thee, hence, and do not haunt me thus.
HELENA:

O wilt thou darkling leave me? Do not so.
DEMETRIUS:

Stay, on thy peril; I alone will go.
                    Exit.

HELENA:

O, I am out of breath in this fond chase!
The more my prayer, the lesser is my grace.   95
Happy is Hermia, wheresoe'er she lies,
For she hath blessed and attractive eyes.
How came her eyes so bright? Not with salt tears;
If so, my eyes are oftener wash'd than hers.

Zur Liebeslockung ausprobier.
Nacht und Dunkel. – Wer ist der?
Ein Athener Kleid trägt er.
Den hat Oberon gesehn
Die Athenerin verschmähn.
Hier das Mädchen, schläft 'ne Runde
Auf dem nassen Wiesengrunde.
Armes Kind, voll Liebesschmerz
Liegt sie bei dem Ohneherz.
Kerl, aus diesem Blumenschaft
Tropft der Saft mit Zauberkraft.
      Er tropft den Saft
      auf Lysanders Augen.
Wirst du wach, lass Liebeskummer
Deinen Augen keinen Schlummer.
Aufgewacht, bin schon davon,
Ich muss fort zu Oberon.
      Puck ab.
      Demetrius und Helena
      rennen herein.

HELENA:

Du kannst mich morden, Liebster, aber steh!

DEMETRIUS:

Hau endlich ab! Lass mich in Ruh! Los, geh!

HELENA:

Lass mich doch nicht im Dunkeln stehn! Bleib hier!

DEMETRIUS:

Bleib, wo du bist, im Guten sag ich's dir!
      Demetrius ab.

HELENA:

Die blöde Jagd bringt mich vielleicht ins Keuchen!
Ich bettele und kann doch nichts erreichen.
Die Hermia hat auch noch im Unglück Glück,
Sie hat nun mal den ganz gewissen Blick.
Wie werden Augen schön? Durch Tränenbäche?
Da waren meine öfter in der Wäsche!

No, no; I am as ugly as a bear, 100
For beasts that meet me run away for fear:
Therefore no marvel though Demetrius
Do, as a monster, fly my presence thus.
What wicked and dissembling glass of mine
Made me compare with Hermia's sphery eyne? 105
But who is here? Lysander, on the ground?
Dead, or asleep? I see no blood, no wound.
Lysander, if you live, good sir, awake!

LYSANDER *[Waking.]:*
And run through fire I will for thy sweet sake!
Transparent Helena! Nature shows art, 110
That through thy bosom makes me see thy heart.
Where is Demetrius? O how fit a word
Is that vile name to perish on my sword!

HELENA:
Do not say so, Lysander, say not so.
What though he love your Hermia? Lord, what though? 115
Yet Hermia still loves you; then be content.

LYSANDER:
Content with Hermia? No. I do repent
The tedious minutes I with her have spent.
Not Hermia, but Helena I love:
Who will not change a raven for a dove? 120
The will of man is by his reason sway'd,
And reason says you are the worthier maid.
Things growing are not ripe until their season:
So I, being young, till now ripe not to reason;
And, touching now the point of human skill, 125
Reason becomes the marshal to my will,
And leads me to your eyes, where I o'erlook
Love's stories, written in love's richest book.

HELENA:
Wherefore was I to this keen mockery born?
When at your hands did I deserve this scorn? 130
Is't not enough, is't not enough, young man,

Nein, nein, ich bin so hässlich wie ein Bär;
Ein jedes Tier erschrickt sich vor mir sehr.
Kein Wunder also, dass Demetrius
Mich Ungeheuer immer fliehen muss.
Vor welchem Spiegel konnt ich mich vergessen,
Mit Hermias Sternenaugen mich zu messen?
Hoppla! Lysander hier auf kühlem Grunde?
Tot – oder schlafend? Ich seh keine Wunde.
Lysander, wenn du lebst, so wach doch auf!

LYSANDER *(erwachend):*
Dass ich für dich barfuß durchs Feuer lauf!
O schönste Helena, voll wilder Lust
Erkenne ich das Herz in deiner Brust!
Wo ist Demetrius? Oh, dieses Wort!
Allein sein Name reizt mich schon zum Mord!

HELENA:
Sag so was nicht, Lysander, halt den Mund!
Er ist verliebt in Hermia – na und?
Sie liebt nur dich, du kannst dich glücklich heißen.

LYSANDER:
Glücklich mit der? Es ist zum Haarausreißen!
Kostbare Zeit mit so was zu verschleißen!
Nicht Hermia, Helena wird mich berauschen.
Wer würd nicht Krähe gegen Taube tauschen?
Die Wünsche werden vom Verstand bestimmt –
Verstand verlangt, dass man die Beste nimmt.
Man kann nicht reif sein vor der Zeit der Reife;
Jetzt erst reift mein Verstand, wie ich begreife.
Und weil ich ab sofort erwachsen bin,
Wird die Vernunft der Wünsche Lenkerin
Und zeigt dein Auge mir – in dessen Glanze
Les ich der Liebe heißeste Romanze.

HELENA:
Warum werd ich mit diesem Spott geschlagen?
Warum muss ich nur diesen Hohn ertragen?
Reicht es noch nicht, reicht es nicht, junger Mann,

That I did never, no, nor never can
Deserve a sweet look from Demetrius' eye,
But you must flout my insufficiency?
Good troth, you do me wrong, good sooth, you do,   135
In such disdainful manner me to woo.
But fare you well; perforce I must confess
I thought you lord of more true gentleness.
O that a lady, of one man refus'd,
Should of another therefore be abus'd!   140
Exit.

LYSANDER:
She sees not Hermia. Hermia, sleep thou there,
And never mayst thou come Lysander near!
For, as a surfeit of the sweetest things
The deepest loathing to the stomach brings;
Or as the heresies that men do leave   145
Are hated most of those they did deceive;
So thou, my surfeit and my heresy,
Of all be hated, but the most of me!
And, all my powers, address your love and might
To honour Helen, and to be her knight!   150
Exit.

HERMIA *[Starting.]*:
Help me, Lysander, help me! Do thy best
To pluck this crawling serpent from my breast!
Ay me, for pity! What a dream was here!
Lysander, look how I do quake with fear.
Methought a serpent ate my heart away,   155
And you sat smiling at his cruel prey.
Lysander! What, remov'd? Lysander! lord!
What, out of hearing? Gone? No sound, no word?
Alack, where are you? Speak, and if you hear;
Speak, of all loves! I swoon almost with fear.   160
No? Then I well perceive you are not nigh.
Either death or you I'll find immediately.
Exit.

Dass ich nicht einen Blick erhaschen kann,
Nicht einen Blick von dem Demetrius,
So dass man mich Versager lästern muss?
Glaub mir, Lysander, du versündigst dich,
Weil du mit solcher Frechheit freist um mich.
Auf Wiedersehn. Ich sag es frei und laut,
Dir hätt ich mehr Erziehung zugetraut.
Muss eine Frau, hasst sie ihr Liebster schon,
Zielscheibe sein für ander Leute Hohn?

Ab.

LYSANDER:

Und Hermia sieht sie nicht. – Schlaf du, und wehe,
Du kommst noch mal Lysander in die Nähe.
Denn wie nach allzu vielem Zuckerguss
Der Magen häufig sich erbrechen muss,
Wie der ein Ideal am meisten hasst,
Den's früher ganz besonders tief erfasst,
Sei du, mein idealer Zuckerguss,
Innig von mir gehasst. Ich mache Schluss.
Voll Leidenschaft werd ich Helena frein,
Will sie verehren und ihr Ritter sein.

Ab.

HERMIA *(erwacht):*

Zu Hilfe, hilf! Lysander, hilf! Du musst
Mir diese Schlange reißen von der Brust!
So hilf mir doch! – Gottlob, der Traum ist weg!
Lysander, schau, ich zittere vor Schreck.
Mir träumte, eine Schlange fräß mein Herz,
Und du hast nur gegrinst, als wär's ein Scherz.
Lysander – sag doch was, Lysander –, fort?
Lysander, bist du fort? Kein Laut, kein Wort?
Wo bist du denn? Sag doch, was soll denn das?
Ich werd verrückt vor Angst! Sag endlich was!
Nein? Nichts? – Ich bin allein, ich bin in Not,
Find ich nicht dich, dann find ich meinen Tod.

Ab.

ACT III

Scene I

Enter Quince, Bottom, Snug,
Flute, Snout, and Starveling.

BOTTOM: Are we all met?

QUINCE: Pat, pat; and here's a marvellous convenient place
for our rehearsal. This green plot shall be our stage, this
hawthorn-brake our tiring-house; and we will do it in
action, as we will do it before the Duke.   5

BOTTOM: Peter Quince!

QUINCE: What sayest thou, bully Bottom?

BOTTOM: There are things in this comedy of Pyramus and
Thisbe that will never please. First, Pyramus must draw
a sword to kill himself; which the ladies cannot abide.   10
How answer you that?

SNOUT: Byrlakin, a parlous fear.

STARVELING: I believe we must leave the killing out, when
all is done.

BOTTOM: Not a whit; I have a device to make all well. Write   15
me a prologue, and let the prologue seem to say we will
do no harm with our swords, and that Pyramus is not
killed indeed; and for the more better assurance, tell
them that I, Pyramus, am not Pyramus, but Bottom the
weaver. This will put them out of fear.   20

QUINCE: Well, we will have such a prologue; and it shall
be written in eight and six.

BOTTOM: No, make it two more; let it be written in eight
and eight.

SNOUT: Will not the ladies be afeard of the lion?   25

DRITTER AKT

1. Szene

Squenz, Zettel, Schnock,
Flaut, Schnauz und Schlucker.

ZETTEL: Sind wir alle anwesend?

SQUENZ: Punktpünktlich; und hier ist ein großartig ange-
messener Platz für unsere Probe. Dieser grüne Fleck soll
unsere Bühne sein, die Weißdornhecke unsere Garde-
robe, und wir werden alles mit Karacho voll ausspielen,
so wie wir's dann beim Herzog spielen.

ZETTEL: Peter Squenz!

SQUENZ: Was gibt's, Zettel Nervtöter?

ZETTEL: Da kommen Sachen vor in dieser Komödie von
Pyramus und Thisbe, die kommen nie im Leben an. Ers-
tens, Pyramus muss sein Schwert ziehen, um sich umzu-
bringen, was die Damen nicht vertragen können. Wie soll
das angehn?

SCHNAUZ: Dunnerlittchen, ja, ein bedenkliches Bedenken!

SCHLUCKER: Ich meine, wir müssen die Umbringerei weg-
lassen am Schluss.

ZETTEL: Aber kein Gedanke: Ich hab eine Idee, die bringt
alles ins Lot. Schreib mir einen Prolog und lass den Prolog verblümt sagen, dass wir mit unsern Schwertern kein
Unheil anrichten wollen und dass Pyramus nicht wirklich totgeht, und für mehr bessere Gewissheit sag ihnen,
dass ich, Pyramus, nicht Pyramus bin, sondern Zettel,
der Weber. Das wird ihnen die Angst benehmen.

SQUENZ: Schön, wir wollen so einen Prolog machen, eine
gereimte Ballade zu zehn Versen.

ZETTEL: Lieber zwei Verse mehr — im Dutzend klingt es
besser.

SCHNAUZ: Werden sich die Damen nicht auch vor dem
Löwen erschrecken?

STARVELING: I fear it, I promise you.

BOTTOM: Masters, you ought to consider with yourself; to
bring in (God shield us!) a lion among ladies is a most
dreadful thing; for there is not a more fearful wild-fowl
than your lion living; and we ought to look to't.   30

SNOUT: Therefore another prologue must tell he is not a
lion.

BOTTOM: Nay, you must name his name, and half his face
must be seen through the lion's neck; and he himself
must speak through, saying thus, or to the same defect: 35
»Ladies,« or »Fair ladies, I would wish you,« or »I would
request you,« or »I would entreat you, not to fear, not
to tremble: my life for yours! If you think I come hither
as a lion, it were pity of my life. No, I am no such thing;
I am a man, as other men are«: and there, indeed, let him   40
name his name, and tell them plainly he is Snug the
joiner.

QUINCE: Well, it shall be so. But there is two hard things:
that is, to bring the moonlight into a chamber; for you
know, Pyramus and Thisbe meet by moonlight.   45

SNOUT: Doth the moon shine that night we play our play?

BOTTOM: A calendar, a calendar! Look in the almanac; find
out moonshine, find out moonshine!

QUINCE: Yes, it doth shine that night.

BOTTOM: Why, then may you leave a casement of the great   50
chamber window, where we play, open; and the moon
may shine in at the casement.

QUINCE: Ay; or else one must come in with a bush of
thorns and a lantern, and say he comes to disfigure or to

SCHLUCKER: Das fürcht ich, ich garantier euch.

ZETTEL: Meisters, ihr solltet damit in euch zu Rate gehn,
behüt uns Gott! – einen Löwen unter Damen bringen,
ist eine ganz üble Sache, denn unter allem, was da
kreucht und fleucht, ist so ein Löwe, wenn er leibt und
lebt, das greulichste Raubgeflügel, und wir sollten uns
vorsehen.

SCHNAUZ: Deswegen muss ein andrer Prolog sagen, dass er
kein Löwe ist.

ZETTEL: Nein, ihr müsst seinen Namen nennen, und sein
halbes Gesicht muss durch den Löwenhals rausschauen,
und er selbst muss daraus durchsprechen und sagen, so
und so, oder so was Ähnliches zum gleichen Defekt:
»Meine Damen« oder »Gnädige Frauen – ich möchte Sie
gewunschen haben« oder »Ich würde Ihnen geraten haben« oder »Ich täte Sie ersuchen – zagen Sie nicht, zittern
Sie nicht! Mein Leben für Ihr Leben! Wenn Sie denken,
ich komme hier als Löwe, da wär mein Leben schade
drum. Nein, ich bin nichts dergleichen. Ich bin ein Mensch
wie andre Menschen auch« – und dann genau lass ihn sich
mit Namen benennen und ihnen freiweg sagen, er ist
Schnock, der Schreiner.

SQUENZ: Also gut, von mir aus. Aber da hat's noch zwei
Schwierigkeiten: nämlich einmal, wie bringen wir den
Mondschein in ein Zimmer? – denn ihr wisst, Pyramus
und Thisbe treffen sich bei Mondschein.

SCHNAUZ: Scheint der Mond die Nacht, wo wir unser
Spiel spielen?

ZETTEL: Einen Kalender! Einen Kalender! Schaut im Al-
manach nach – sucht Mondschein! Sucht Mondschein!

SQUENZ: Ja, er scheint die Nacht.

ZETTEL: Na also, dann könnt ihr einen Flügel vom Saal-
fenster offen lassen, wo wir spielen, und der Mond kann
durch den Flügel hereinscheinen.

SQUENZ: Ja, oder aber einer muss mit einem Reisigbündel
und einer Laterne auftreten und sagen, er käme, um die

present the person of Moonshine. Then there is another   55
thing: we must have a wall in the great chamber; for
Pyramus and Thisbe, says the story, did talk through the
chink of a wall.

SNOUT: You can never bring in a wall. What say you, Bottom?   60

BOTTOM: Some man or other must present Wall; and let
him have some plaster, or some loam, or some roughcast
about him, to signify wall; and let him hold his fingers
thus, and through that cranny shall Pyramus and Thisbe
whisper.   65

QUINCE: If that may be, then all is well. Come sit down,
every mother's son, and rehearse your parts. Pyramus,
you begin: when you have spoken your speech, enter
into that brake; and so every one according to his cue.

Enter Puck [behind].

PUCK:

What hempen homespuns have we swaggering here,   70
So near the cradle of the Fairy Queen?
What, a play toward? I'll be an auditor;
An actor too perhaps, if I see cause.

QUINCE: Speak, Pyramus; Thisbe, stand forth.

BOTTOM:

Thisbe, the flowers of odious savours sweet —   75

QUINCE: »Odorous«! »odorous«!

BOTTOM: Odorous savours sweet;

So hath thy breath, my dearest Thisbe dear.
But hark, a voice! Stay thou but here awhile,
And by and by I will to thee appear.

Exit.

PUCK: A stranger Pyramus than e'er played here!   80

[Exit.]

FLUTE: Must I speak now?

QUINCE: Ay, marry, must you; for you must understand he
goes but to see a noise that he heard, and is to come again.

Person des Mondscheins zu simulieren oder präsentieren.
Dann ist da noch ein Problem: wir müssen eine Wand im
Großen Saal haben, denn die Sage sagt, Pyramus und Thisbe
haben sich durch eine Spalte in einer Wand geflüstert.

SCHNAUZ: Du bringst mein Lebtag keine Wand rein. Was
sagst du, Zettel?

ZETTEL: Der eine oder andere muss Wand spielen. Lasst ihn
was Mörtel oder Lehm oder Kalk an sich haben, damit
er Wand bedeutet, und lasst ihn so die Finger halten,
und durch den Ritz sollen Pyramus und Thisbe sich was
flüstern.

SQUENZ: Wenn das geht, ist alles klar. Kommt, setzt euch
alle miteinander und probiert eure Rollen. Pyramus, du
fängst an. Wenn du deine Rede geredet hast, mach dich
ins Gebüsch, und so jeder je nach Stichwort.

Puck tritt auf.

PUCK:
Was trampeln hier für Bauerntölpel rum,
So nah dem Bett der Elfenkönigin?
Ein Schauspiel wird's? Ich bin das Publikum
Und spiel vielleicht auch mit, wenn sich's ergibt.

SQUENZ: Sprich, Pyramus! Thisbe, tritt vor!

ZETTEL *(als Pyramus):*
O Thisb', wie Blumen Kohlgeruch riecht süße –

SQUENZ: Wohlgeruch – Wohlgeruch!

ZETTEL *(als Pyramus):*   … Wohlgeruch riecht
süße,
So duftest, Thisbe, du aus deinem Mund.
Doch horch, ein Stimm'! Vertrete dir die Füße,
Bis ich zurück bin mit davon der Kund.

Geht ab.

PUCK: So was an Pyramus war noch nicht da.

Geht ab.

FLAUT: Muss ich jetzt sprechen?

SQUENZ: Herrgott, ja, freilich musst du, denn du musst
wissen, er geht nur weg, um ein Geräusch zu sehen, das

FLUTE:
> Most radiant Pyramus, most lily-white of hue,
> Of colour like the red rose on triumphant briar,   85
> Most brisky juvenal, and eke most lovely Jew,
> As true as truest horse that yet would never tire;
> I'll meet thee, Pyramus, at Ninny's tomb.

QUINCE: »Ninus' tomb«, man! Why, you must not speak
that yet; that you answer to Pyramus. You speak all your   90
part at once, cues and all.
Pyramus, enter! Your cue is past; it is »never tire«.

FLUTE: O –
> As true as truest horse that yet would never tire.
>   *Enter [Puck, and] Bottom with the*
>   *ass-head [on].*

BOTTOM:
> If I were fair, Thisbe, I were only thine.   95

QUINCE: O monstrous! O strange! We are haunted! Pray,
masters! Fly, masters! Help!
>   *Exeunt Quince, Snug, Flute,*
>   *Snout, and Starveling.*

PUCK:
> I'll follow you: I'll lead you about a round!
> Through bog, through bush, through brake, through
>   briar;
> Sometime a horse I'll be, sometime a hound,   100
> A hog, a headless bear, sometime a fire;
> And neigh, and bark, and grunt, and roar, and burn,
> Like horse, hound, hog, bear, fire, at every turn.
>   *Exit.*

BOTTOM: Why do they run away? This is a knavery of
them to make me afeard.   105
>   *Enter Snout.*

SNOUT: O Bottom, thou art changed! What do I see on
thee?

er gehört hat, und stehenden Fußes kommt er wieder.

FLAUT *(als Thisbe):*

O Pyramus, so lilienweiß gefärbt,
So rot gesprenkelt wie der Busch mit Rosen,
O Honigfaun, das Aug so blau gegerbt,
Du treuer Gaul, so feurig beim Liebkosen,
Wenn ich dich heute Nacht am Kirschhof treff –

SQUENZ: »Kirch«-hof, Mann! – Aber das darfst du noch
gar nicht sagen. Das antwortest du dem Pyramus. Du
sagst die ganze Rolle auf einmal runter, Stichworte und
was sonst noch. Pyramus, Auftritt! – dein Stichwort ist
schon verpasst. Es ist »beim Liebkosen«.

FLAUT: Oh! *(als Thisbe)*

Du treuer Gaul, so feurig beim Liebkosen.

> *Auftritt Puck und Zettel mit*
> *einem Eselskopf.*

ZETTEL *(als Pyramus):*

Wär ich doch schön, ich wäre ewig dein!

SQUENZ: Grausig! Greulich! Es spukt! Meisters, betet! Lauft,
Meisters! Hilfe!

> *Alle ab außer Puck und Zettel.*

PUCK:

Ich hetz und fetz euch kreuz und quer,
Über Pflock, über Pfahl, durch Gebüsch und Gemäuer,
Jag euch als Pferd, als Hund, als Wolf und Bär,
Bin der Fuchs, bin der Luchs, bin der Fluss und das
                                    Feuer,
Und blök und bell und brenn und brumm und husch
Als Pferd, Hund, Wolf, Bär, Feuer durch den Busch.

> *Geht ab.*

ZETTEL: Warum laufen die alle weg? Die wollen mich ins
Bockshorn jagen, um mich fürchten zu machen.

> *Schnauz tritt auf.*

SCHNAUZ: O Zettel! Du bist verwandelt! Was seh ich da
an dir da?

BOTTOM: What do you see? You see an ass-head of your
   own, do you?
                    [Exit Snout.] Enter Quince.
QUINCE: Bless thee, Bottom, bless thee! Thou art trans-   110
   lated.
                              Exit.
BOTTOM: I see their knavery: this is to make an ass of me,
   to fright me, if they could. But I will not stir from this
   place, do what they can; I will walk up and down here,
   and I will sing, that they shall hear I am not afraid.   115

             [Sings.]
          The ousel cock, so black of hue,
             With orange-tawny bill,
          The throstle, with his note so true,
             The wren with little quill –
          [The singing awakens Titania.]
TITANIA:
   What angel wakes me from my flowery bed?   120
BOTTOM *[Sings.]:*
             The finch, the sparrow, and the lark,
                The plain-song cuckoo gray,
             Whose note full many a man doth mark,
                And dares not answer nay –
   for indeed, who would set his wit to so foolish a bird?   125
   Who would give a bird the lie, though he cry »cuckoo«
   never so?
TITANIA:
   I pray thee, gentle mortal, sing again:
   Mine ear is much enamour'd of thy note;
   So is mine eye enthralled to thy shape;   130
   And thy fair virtue's force perforce doth move me
   On the first view to say, to swear, I love thee.
BOTTOM: Methinks, mistress, you should have little reason
   for that. And yet, to say the truth, reason and love keep
   little company together nowadays. The more the pity   135

ZETTEL: Was du da siehst, du Eselskopf? Einen wie dich, was denn sonst?

Schnauz ab, Squenz tritt auf.

SQUENZ: Gott steh dir bei, Zettel, Gott steh dir bei! Du bist verwunschen!

Geht ab.

ZETTEL: Ich weiß Bescheid! Die wollen einen Esel aus mir machen, mich fürchten machen möchten sie mich machen, wenn sie könnten, aber ich rühr mich nicht von der Stelle, da können sie machen, was sie wollen. Ich will hier auf und ab schlendern, und ich will singen, damit sie hören, dass ich mich nicht fürchte. (*singt*)

> Der Rabe trägt zum Amtstalar
> Den Schnabel gelblich rot,
> Die Drossel trällert wunderbar,
> Der Storch wohnt auf dem Schlot.

Titania erwacht.

TITANIA:
Weckt mich ein Engel aus dem Blumenbett?

ZETTEL (*singt*):

> Die Amsel trinkt, die Lerche singt,
> Der Kuckuck legt sein Ei
> Ins falsche Nest, daraus erklingt
> Ein einzger Schrei: o wei!

Ein gefährlicher Vogel, so ein Kuckuck. Wenn er ruft, muss man sich als Ehemann in Acht nehmen. Wer kann schon einem Kuckuck die Meise zeigen?

TITANIA:
Ich bitt dich, schöner Sterblicher, sing weiter!
Mein Ohr ist ganz verliebt in deine Stimme,
Und auch dein Aussehn fesselt meine Augen;
Gewaltsam zwingt dein schönes Wesen mich
Beim ersten Blick zum Schwur: ich liebe dich.

ZETTEL: Ich hab den Eindruck, Gnädigste, als wenn Sie vernünftigerweise nicht viel Grund dazu hätten. Aber, um die Wahrheit zu sagen, Vernunft und Liebe gehen

that some honest neighbours will not make them friends.
Nay, I can gleek upon occasion.

TITANIA:
  Thou art as wise as thou art beautiful.
BOTTOM: Not so neither; but if I had wit enough to get
  out of this wood, I have enough to serve mine own turn.   140

TITANIA:
  Out of this wood do not desire to go:
  Thou shalt remain here, whether thou wilt or no.
  I am a spirit of no common rate;
  The summer still doth tend upon my state;
  And I do love thee: therefore go with me.   145
  I'll give thee fairies to attend on thee;
  And they shall fetch thee jewels from the deep,
  And sing, while thou on pressed flowers dost sleep:
  And I will purge thy mortal grossness so,
  That thou shalt like an airy spirit go.   150
  Peaseblossom! Cobweb! Moth! and Mustardseed!
         Enter four Fairies: Peaseblossom,
         Cobweb, Moth, and Mustardseed.
PEASEBLOSSOM:
  Ready.
COBWEB: And I.
MOTH: And I.
MUSTARDSEED: And I.
ALL: Where shall we go?
TITANIA:
  Be kind and courteous to this gentleman;
  Hop in his walks, and gambol in his eyes;
  Feed him with apricocks and dewberries,   155
  With purple grapes, green figs, and mulberries;
  The honey-bags steal from the humble-bees,
  And for night-tapers crop their waxen thighs,

heutzutage selten Hand in Hand — umso trauriger, dass
die paar ehrlichen Nachbarn zwischen den beiden keine
Freundschaft stiften wollen. — Ja, ich bin nicht auf den
Mund gefallen, wenn's drauf ankommt.

TITANIA:
Oh, deine Klugheit passt zu deiner Schönheit!

ZETTEL: Nein, weder noch, aber wenn ich Verstand genug
hätte, um aus diesem Wald rauszukommen, hätt ich grad
so viel, wie ich brauche.

TITANIA:
Versuche nicht zu fliehn aus diesem Wald.
Du bleibst bei mir, und notfalls mit Gewalt.
Ich bin nicht nur ein Feld-, Wald-, Wiesengeist;
Sommer herrscht ewig hier, und dass du's weißt,
Ich liebe dich. Und darum bleib bei mir,
Und Elfen zur Bedienung geb ich dir,
Dass sie Juwelen aus den Meeren bringen
Und dich im Blütenbett zum Schlafe singen.
Von Erdenschwere will ich dich befrein,
Leicht wie der Geist der Winde wirst du sein.
Senfsamen, Bohnenblüte! Motte! Spinnweb!
Vier Elfen treten auf: Bohnenblüte,
Spinnweb, Motte, Senfsamen.

BOHNENBLÜTE:
Hier!

SPINNWEB: Ich auch!

MOTTE: Ich auch!

SENFSAMEN: Ich auch!

ALLE: Was sollen wir?

TITANIA:
Seid lieb und freundlich gegen diesen Herrn.
Umschwirrt ihn, flirrt voraus, huscht hinterdrein;
Sucht Aprikosen, Feigen, Walderdbeeren,
Bringt blaue Trauben, und den Honigwein
Müsst ihr aus allen Bienenstöcken leeren;
Nehmt auch das Wachs, dazu ein Wespenbein

And light them at the fiery glow-worms' eyes,

To have my love to bed, and to arise;   160
And pluck the wings from painted butterflies
To fan the moonbeams from his sleeping eyes.
Nod to him, elves, and do him courtesies.

PEASEBLOSSOM:
  Hail, mortal!
COBWEB:
  Hail!   165
MOTH:
  Hail!
MUSTARDSEED:
  Hail!
BOTTOM: I cry your worships mercy, heartily. I beseech
  your worship's name?
COBWEB: Cobweb.   170
BOTTOM: I shall desire you of more acquaintance, good
  Master Cobweb: if I cut my finger, I shall make bold with
  you. Your name, honest gentleman?

PEASEBLOSSOM: Peaseblossom.
BOTTOM: I pray you, commend me to Mistress Squash,   175
  your mother, and to Master Peascod, your father. Good
  Master Peaseblossom, I shall desire you of more acquaintance too. Your name, I beseech you sir?

MUSTARDSEED: Mustardseed.
BOTTOM: Good Master Mustardseed, I know your patience   180
  well. That same cowardly giant-like ox-beef hath de-
  voured many a gentleman of your house: I promise you,
  your kindred hath made my eyes water ere now. I desire
  you of more acquaintance, good Master Mustardseed.

Als Docht, und wo die Glühwürmchen verkehren,
Dort holt ihr Feuer, dass im Kerzenschein
Mein Liebster nächtlich sieht ganz nach Begehren.
Dann pflückt bei Schmetterlingen bunte Flügel
Und fächelt ihm das Mondlicht, das den Hügel
Hell überbleicht, vom Angesicht. Und gern
Und freudig, Elfen, dient mir diesem Herrn.

BOHNENBLÜTE:
Wohl dir, du Sterblicher!

SPINNWEB:
Wohl dir!

MOTTE:
Wohl dir!

SENFSAMEN:
Wohl dir!

ZETTEL: Ich bitte Euer Gnaden ganz herzlich um Verge-
bung. Wenn ich um Ihren Namen bitten dürfte …

SPINNWEB: Spinnweb.

ZETTEL: Ich werde um Ihre nähere Bekanntschaft nach-
suchen, guter Meister Spinnweb – wenn ich mir in den
Finger schneide, werde ich so frei sein, Sie um die Wunde zu binden und mich Ihrer Verbundenheit als Verband
verbindlich zu verbinden! – Ihr Name, werter Herr?

BOHNENBLÜTE: Bohnenblüte.

ZETTEL: Empfehlen Sie mich Madame Hülse, Ihrer Frau
Mutter, und Monsieur Schote, Ihrem Herrn Vater. Guter
Meister Bohnenblüte, ich werde auch Ihnen bekannt-
schaftlich näher zu treten wünschen. – Darf ich um
Ihren Namen bitten, Herr …

SENFSAMEN: Senfsamen.

ZETTEL: Guter Meister Senfsamen, ich kenne Ihre Fami-
lientragödie sehr genau. Diese geschmacklose und zähe
Sippe der von Rinderbratens hat schon viele würzige
Mitglieder Ihres Hauses auf dem Gewissen. Ich versichere Ihnen, Ihre Verwandtschaft hat mir schon oft das

TITANIA:
Come, wait upon him; lead him to my bower.   185
The moon, methinks, looks with a watery eye,
And when she weeps, weeps every little flower,
Lamenting some enforced chastity.
Tie up my love's tongue, bring him silently.
Exeunt.

Scene II

Enter Oberon, King of Fairies.
OBERON:
I wonder if Titania be awak'd;
Then, what it was that next came in her eye,
Which she must dote on in extremity.
Enter Puck.
Here comes my messenger. How now, mad spirit?
What night-rule now about this haunted grove?   5
PUCK:
My mistress with a monster is in love.
Near to her close and consecrated bower,
While she was in her dull and sleeping hour,
A crew of patches, rude mechanicals,
That work for bread upon Athenian stalls,   10
Were met together to rehearse a play
Intended for great Theseus' nuptial day.
The shallowest thick-skin of that barren sort,
Who Pyramus presented in their sport,
Forsook his scene, and enter'd in a brake,   15
When I did him at this advantage take:
An ass's nole I fixed on his head.
Anon, his Thisbe must be answered,

Wasser aus den Augen getrieben. Ich wünsche mir auch
Ihre zukünftige Bekanntschaft, guter Meister Senfsamen.

TITANIA:

Nun sorgt für ihn in meinem Blütenbau;
Ich sehe, wie der Mond schon wässrig blickt.
Und wenn er weint, weint jede Blume Tau
Für jede Unschuld, die Gewalt erstickt.
Folg ihnen schweigend, Liebster, und vertrau.

Alle ab.

2. Szene

Oberon tritt auf.

OBERON:

Ich frag mich, ist Titania schon wach?
Was war es wohl, das ihr ins Auge sprang,
Für das sie sich zerreißt im Liebesdrang?

Puck tritt auf.

Da kommt mein Puck. Wie ging's, verrückter Troll?
Ist Wald und Hain im Rausch der Nachtmagie?

PUCK:

Die Königin liebt jetzt ein Menschenvieh.
Als sie zur Dämmerstunde sich zum Schlafen
In ihren Hain begab, da grade trafen
Sich nah dabei sechs Kerle, derb wie Schrot,
Handwerkervolk, das in Athen sein Brot
Verdient, um dort ein Schauspiel zu probieren,
Das sie für Theseus' Hochzeit einstudieren.
Den dümmsten Holzkopf dieser Heldenbarden,
Den Pyramus, hieß man im Busch noch warten
Zum nächsten Akt. Der Künstler wankt' erschöpft
Davon – da hab ich ihn mir vorgeknöpft
Und ihn mit einem Eselskopf beglückt.
Schon bald darauf ruft Thisbe ihn verzückt –

And forth my mimic comes. When they him spy –
As wild geese that the creeping fowler eye,   20
Or russet-pated choughs, many in sort,
Rising and cawing at the gun's report,
Sever themselves, and madly sweep the sky
So, at his sight, away his fellows fly;
And at our stamp, here o'er and o'er one falls;   25
He murder cries, and help from Athens calls.
Their sense thus weak, lost with their fears thus strong,
Made senseless things begin to do them wrong:
For briars and thorns at their apparel snatch;
Some sleeves, some hats, from yielders all things catch.   30
I led them on in this distracted fear,
And left sweet Pyramus translated there;
When in that moment, so it came to pass,
Titania wak'd, and straightway lov'd an ass.

OBERON:
This falls out better than I could devise.   35
But hast thou yet latch'd the Athenian's eyes
With the love-juice, as I did bid thee do?

PUCK:
I took him sleeping – that is finish'd too –
And the Athenian woman by his side,
That when he wak'd, of force she must be ey'd.   40
            Enter Demetrius and Hermia.

OBERON:
Stand close: this is the same Athenian.

PUCK:
This is the woman, but not this the man.
            [They stand apart.]

DEMETRIUS:
O why rebuke you him that loves you so?
Lay breath so bitter on your bitter foe.

HERMIA:
Now I but chide, but I should use thee worse,   45
For thou, I fear, hast given me cause to curse.

Mein Mime tritt hervor. Ein Schrei, ein Schreck –
Wie wilde Gänse, die im Schilfversteck
Den Jäger sehn und fliehen, lauthals schnatternd,
Wie nach dem Schuss die Krähenschwärme flatternd
Und grässlich kreischend in der Luft zerstieben –,
So hab ich diese Kerle fortgetrieben
Hals über Kopf, die Knie weich wie Butter.
Einer rief Mord, der andre seine Mutter.
Ist man um den Verstand gebracht, erwacht
Die Tücke des Objektes, denn bei Nacht
Belebt sich Strauch und Busch und Dorn und zupft
An Ärmel, Hut und Hemd. Angsthasen rupft
Halt jedermann. So jag ich alle fort
In Angst, nur Liebling Pyramus bleibt dort.
Grad dann erwacht – es kam, wie's kommen kann –
Die Königin und sieht den Eselsmann.

OBERON:
Das geht ja noch viel besser als gedacht!
Und hast du's auch mit diesem Stenz gemacht,
Wie ich dir sagte, jenem aus Athen?

PUCK:
Ich fand ihn schlafend – alles schon geschehn;
Das Mädchen ist daneben eingenickt –
Es muss so sein, dass er sie gleich erblickt.
                    Demetrius und Hermia treten auf.

OBERON:
Versteck dich! Dort kommt der Athener her.

PUCK:
Das ist die Frau – doch der ist doch nicht er!
                    Sie treten beiseite.

DEMETRIUS:
Warum beschimpfst du mich, der ich dich liebe?
Nur seinem Feind versetzt man solche Hiebe!

HERMIA:
Noch schimpf ich nur; bald muss ich dich verfluchen,
Scheint mir; den Grund musst bei dir selber suchen.

If thou hast slain Lysander in his sleep,
Being o'er shoes in blood, plunge in the deep,
And kill me too.
The sun was not so true unto the day   50
As he to me. Would he have stol'n away
From sleeping Hermia? I'll believe as soon
This whole earth may be bor'd, and that the moon
May through the centre creep, and so displease
Her brother's noon-tide with th'Antipodes.   55
It cannot be but thou hast murder'd him:
So should a murderer look, so dead, so grim.
DEMETRIUS:
So should the murder'd look, and so should I,
Pierc'd through the heart with your stern cruelty;
Yet you, the murderer, look as bright, as clear,   60
As yonder Venus in her glimmering sphere.
HERMIA:
What's this to my Lysander? Where is he?
Ah, good Demetrius, wilt thou give him me?
DEMETRIUS:
I had rather give his carcase to my hounds.
HERMIA:
Out, dog! Out, cur! Thou driv'st me past the bounds   65
Of maiden's patience. Hast thou slain him then?
Henceforth be never number'd among men!
O once tell true; tell true, even for my sake!
Durst thou have look'd upon him, being awake,
And hast thou kill'd him sleeping? O brave touch!   70
Could not a worm, an adder, do so much?
An adder did it; for with doubler tongue
Than thine, thou serpent, never adder stung!
DEMETRIUS:
You spend your passion on a mispris'd mood:
I am not guilty of Lysander's blood;   75
Nor is he dead, for aught that I can tell.

Hast du Lysander, als er schlief, erschlagen,
Stehst knöcheltief im Blut — los, bis zum Kragen
Tauch dich hinein und töte mich dazu.
Treu wie die Sonne ihrem Tageslauf
War er zu mir. Wie kommst du denn darauf,
Dass er mich sitzen lässt? Da will ich eher glauben,
Der Mond wollt sich mal einen Scherz erlauben
Und sei auf halbem Wege umgekehrt,
Dass er die Sonne bei der Arbeit stört.
Du hast ihn zweifellos auf dem Gewissen,
So sieht ein Mörder aus, so wild verbissen.

DEMETRIUS:

So sieht die Leiche aus, genau wie ich,
Denn deine Grausamkeit ermordet mich.
Die Mörderin sieht aus, als wenn nichts wäre,
So schön wie Venus in der Himmelssphäre.

HERMIA:

Was soll denn das? Lysander war mein Glück.
Gibst du, Demetrius, ihn mir zurück?

DEMETRIUS:

Lieber würd ich dem Hund die Leiche geben.

HERMIA:

Kerl, mach dich fort! Sonst kannst du was erleben!
Ich kann nicht mehr! Den Mord gestehst du ein?
Du sollst kein Mensch mehr unter Menschen sein!
Eins sag mir — hättest du dich rangetraut,
Wenn er dich dabei hellwach angeschaut?
Im Schlaf, du Held, hast du ihn umgebracht?
So mutig hätt es jeder Wurm gemacht!
Du Natter! Niemals war ein Schlangenbiss
So heimtückisch, wenn er sein Opfer riss.

DEMETRIUS:

Wie kann man Leidenschaft nur so verschwenden!
Lysanders Blut klebt nicht an meinen Händen.
Er lebt sogar, soviel ich sagen kann.

HERMIA:
I pray thee tell me then that he is well.
DEMETRIUS:
And if I could, what should I get therefor?
HERMIA:
A privilege, never to see me more.
And from thy hated presence part I so: 80
See me no more, whether he be dead or no.
Exit.
DEMETRIUS:
There is no following her in this fierce vein;
Here therefore for a while I will remain.
So sorrow's heaviness doth heavier grow
For debt that bankrupt sleep doth sorrow owe;   85
Which now in some slight measure it will pay,
If for his tender here I make some stay.
*Lies down [and sleeps]. [Oberon and Puck
come forward.]*
OBERON:
What hast thou done? Thou hast mistaken quite,
And laid the love-juice on some true love's sight;
Of thy misprision must perforce ensue   90
Some true love turn'd, and not a false turn'd true.
PUCK:
Then fate o'er-rules, that, one man holding troth,
A million fail, confounding oath on oath.
OBERON:
About the wood go swifter than the wind,
And Helena of Athens look thou find;   95
All fancy-sick she is, and pale of cheer
With sighs of love, that costs the fresh blood dear.
By some illusion see thou bring her here;
I'll charm his eyes against she do appear.
PUCK:
I go, I go, look how I go!   100
Swifter than arrow from the Tartar's bow.
Exit.

HERMIA:

Dann sag mir, wie's ihm geht, ich fleh dich an!

DEMETRIUS:

Selbst wenn ich's könnt, was hätt ich davon schon?

HERMIA:

Mich niemals mehr zu sehen wär dein Lohn.
Ich hass dich abgrundtief und lass dich stehen.
Gleich, ob er lebt – dich will ich nie mehr sehen.

Ab.

DEMETRIUS:

Sinnlos, bei dieser Stimmung nachzuhasten.
Da will ich lieber hier ein Weilchen rasten.
Macht erst der Schlaf bankrott, wird Liebeskummer
Noch kümmerlicher, fehlt's auch noch am Schlummer.
Vielleicht zahlt Schlaf in Raten die Beträge,
Wenn ich mich hier geduldig niederlege.

*Schläft ein. Oberon und Puck
treten vor.*

OBERON:

Was hast du angestellt? Gepfuscht und eben
Der wahren Liebe Liebessaft gegeben!
Jetzt hat dein Irrtum alle so verwirrt,
Dass Liebe Hass, nicht Hass zu Liebe wird.

PUCK:

Dann siegt das Schicksal. Nur *ein* Treuer ragt
Aus der Million, die schwörend dran versagt.

OBERON:

Dann wirbel durch den Wald schnell wie der Wind
Und finde mir die Helena geschwind.
Sie seufzt so kummerkrank, so käseweiß
Vor Liebe – Bleichsucht ist der Liebe Preis.
Mit irgendeinem Hokuspokus leite
Sie her, indes ich den hier vorbereite.

PUCK:

Ich geh, ich renn, ich flieg, ich eil –
Noch schneller als ein Hunnenpfeil.

Geht ab.

OBERON *[Squeezing the juice on Demetrius' eyelids.]:*
>   Flower of this purple dye,
>   Hit with Cupid's archery,
>   Sink in apple of his eye.
>   When his love he doth espy,   105
>   Let her shine as gloriously
>   As the Venus of the sky.
>   When thou wak'st, if she be by,
>   Beg of her for remedy.
>   *Enter Puck.*

PUCK:
>   Captain of our fairy band,   110
>   Helena is here at hand;
>   And the youth, mistook by me,
>   Pleading for a lover's fee.
>   Shall we their fond pageant see?
>   Lord, what fools these mortals be!   115

OBERON:
>   Stand aside. The noise they make
>   Will cause Demetrius to awake.

PUCK:
>   Then will two at once woo one:
>   That must needs be sport alone;
>   And those things do best please me   120
>   That befall prepost'rously.
>   *[They stand aside.]*
>   *Enter Lysander and Helena.*

LYSANDER:
Why should you think that I should woo in scorn?
Scorn and derision never come in tears.
Look when I vow, I weep; and vows so born,
In their nativity all truth appears.   125
How can these things in me seem scorn to you,
Bearing the badge of faith to prove them true?

HELENA:
You do advance your cunning more and more.

OBERON *(tropft Saft auf Demetrius' Auge):*

>Blume, die den Purpurkuss
>Trägt seit Amors Liebesschuss,
>Ihm ins Auge sinken muss,
>Dass ihm nur sein Schatz alleine
>Grad so wunderschön erscheine,
>Als wär Venus hier im Haine.
>Wirst du wach, verlange keine
>Wenn nicht ihre Lieb alleine.
>>*Puck tritt auf.*

PUCK:

>Hauptmann unsrer Geisterhaufen,
>Helena kommt angelaufen;
>Und der Mann, den ich verwirrt,
>Liebeshungrig um sie schwirrt.
>Wolln wir zusehn, ob es glückt?
>Menschen sind ja so verrückt!

OBERON:

>Von dem Lärm − bleib ja versteckt −
>Wird Demetrius geweckt.

PUCK:

>Zwei Stück Mann und eine Frau −
>Das gibt eine gute Schau;
>Denn an so was freu ich mich,
>Ist es nur schön lächerlich.
>>*Sie treten beiseite.*
>>*Lysander und Helena treten auf.*

LYSANDER:

Warum glaubst du nur, dass mein Schwur nicht stimmt?
Spott und Verachtung kennen keine Tränen.
Ein Schwur, der so auf Tränenfluten schwimmt,
Muss durch Geburt die Echtheit nicht erwähnen.
Wie kannst du alles nur als Spott verkennen,
Wenn mir im Auge die Beweise brennen?

HELENA:

Du übertriffst dich an Verschlagenheit.

When truth kills truth, O devilish-holy fray!
These vows are Hermia's: will you give her o'er?   130
Weigh oath with oath, and you will nothing weigh:
Your vows to her and me, put in two scales,
Will even weigh; and both as light as tales.
LYSANDER:
I had no judgement when to her I swore.
HELENA:
Nor none, in my mind, now you give her o'er.   135
LYSANDER:
Demetrius loves her, and he loves not you.
DEMETRIUS *(Waking.):*
O Helen, goddess, nymph, perfect, divine!
To what, my love, shall I compare thine eyne?
Crystal is muddy. O how ripe in show
Thy lips, those kissing cherries, tempting grow!   140
That pure congealed white, high Taurus' snow,
Fann'd with the eastern wind, turns to a crow
When thou hold'st up thy hand. O let me kiss
This princess of pure white, this seal of bliss!
HELENA:
O spite! O hell! I see you all are bent   145
To set against me for your merriment.
If you were civil, and knew courtesy,
You would not do me thus much injury.
Can you not hate me, as I know you do,
But you must join in souls to mock me too?   150
If you were men, as men you are in show,
You would not use a gentle lady so:
To vow, and swear, and superpraise my parts,
When I am sure you hate me with your hearts.
You both are rivals, and love Hermia;   155
And now both rivals to mock Helena.
A trim exploit, a manly enterprise,
To conjure tears up in a poor maid's eyes
With your derision! None of noble sort

Wie teufelsfromm, mit Treue Treue trügen!
Ist Schluss mit Hermia? Der galt auch dein Eid.
Wieg Schwur an Schwur, und du wiegst lauter Lügen.
Wenn man dein Schwören auf der Waage eicht,
Wiegt alles gleich schwer und wie Märchen leicht.

LYSANDER:
Ich war verrückt, ihr Liebe zu versprechen.

HELENA:
Ich find's verrückter, jetzt mit ihr zu brechen.

LYSANDER:
Demetrius liebt *sie,* dich liebt er nicht.

DEMETRIUS *(erwacht):*
Helena, Göttin, Nymphe, Tugendreiche!
Für deine Augen fehlen mir Vergleiche!
Kristall ist schmutzig! Und wie rot und rund
Lockt mich dein Kirschenküssekosemund!
Der weiße Schneeberg des Himalaya
Steht neben dir als Kohlenhalde da!
O reiche mir so wunderweiß und rein
Zum Kuss die kleine Hand aus Elfenbein!

HELENA:
O Gott im Himmel, das ist ein Komplott!
Auf meine Kosten treibt ihr euren Spott!
Seid ihr nicht vor euch selber ganz entsetzt,
Weil ihr mit solcher Bosheit mich verletzt?
Könnt ihr nicht wenigstens mit Anstand hassen
Und euer Hohngelächter unterlassen?
Wer wahrhaft männlich ist, ist nach der Regel
Bei einem Mädchen nicht ein solcher Flegel,
Dass er hohntriefend ihre Schönheit preist,
Wenn ihm der Hass dabei das Herz zerreißt.
Ihr seid Rivalen und liebt Hermia
Und höhnt jetzt als Rivalen Helena.
Wie ist man doch so heldenhaft als Mann,
Wenn man ein Mädchen weinen machen kann!
Kein Mann von Ehrgefühl würd so mit Lügen

Would so offend a virgin, and extort   160
A poor soul's patience, all to make you sport.
LYSANDER:
You are unkind, Demetrius; be not so,
For you love Hermia; this you know I know:
And here, with all good will, with all my heart,
In Hermia's love I yield you up my part;   165
And yours of Helena to me bequeath,
Whom I do love, and will do till my death.
HELENA:
Never did mockers waste more idle breath.
DEMETRIUS:
Lysander, keep thy Hermia; I will none.
If ere I lov'd her, all that love is gone.   170
My heart to her but as guest-wise sojourn'd,
And now to Helen is it home return'd,
There to remain.
LYSANDER: Helen, it is not so.
DEMETRIUS:
Disparage not the faith thou dost not know,
Lest to thy peril thou aby it dear.   175
Look where thy love comes; yonder is thy dear.
Enter Hermia.
HERMIA:
Dark night, that from the eye his function takes,
The ear more quick of apprehension makes;
Wherein it doth impair the seeing sense,
It pays the hearing double recompense.   180
Thou art not by mine eye, Lysander, found;
Mine ear, I thank it, brought me to thy sound.
But why unkindly didst thou leave me so?
LYSANDER:
Why should he stay whom love doth press to go?
HERMIA:
What love could press Lysander from my side?   185

Mädchen verletzen und ihr Herz betrügen
Und sich an ihrer Seelenqual vergnügen.

LYSANDER:

Demetrius, zieh nicht so frech vom Leder,
Denn du liebst Hermia – das weiß doch jeder.
Hör zu: Ich schenk sie dir aus vollem Herzen,
Denn Hermias Liebe kann ich gut verschmerzen.
Und du musst mir die Helena jetzt geben.
Ich liebe sie und weihe ihr mein Leben.

HELENA:

Solche Gemeinheit hat's noch nicht gegeben!

DEMETRIUS:

Ich will sie nicht. Die Hermia ist dein.
Die Liebe kann ja mal ein Irrtum sein.
Mein Herz war nur so zu Besuch mal da,
Zu Hause ist es bei der Helena.
Da bleibt es auch.

LYSANDER: 　　　　　Helena, glaub's ihm nicht.

DEMETRIUS:

Täusch du dich mal in meiner Treue nicht.
Das könntest du vielleicht noch teuer büßen.
Da kommt dein Schatz: los, los, geh sie begrüßen.

Hermia tritt auf.

HERMIA:

Die Nacht, die unserm Aug den Blick verweigert,
Bewirkt, dass sich der Ohren Schärfe steigert.
Soweit sie unsre Augenkraft verletzt,
Wird's dem Gehör mit Zinseszins ersetzt.
Mein Auge hat mich nicht zu dir geführt;
Mein Ohr, Lysander, hat dich aufgespürt.
Was hast du mich so lieblos dort verlassen?

LYSANDER:

Ja, soll ich wegen dir mein Glück verpassen?

HERMIA:

Ja, gibt's für dich ein Glück noch neben mir?

LYSANDER:

  Lysander's love, that would not let him bide –
  Fair Helena, who more engilds the night
  Than all yon fiery oes and eyes of light.
  Why seek'st thou me? Could not this make thee know
  The hate I bare thee made me leave thee so?   190

HERMIA:

  You speak not as you think; it cannot be!

HELENA:

  Lo, she is one of this confederacy!
  Now I perceive they have conjoin'd all three
  To fashion this false sport in spite of me.
  Injurious Hermia! Most ungrateful maid!   195
  Have you conspir'd, have you with these contriv'd,
  To bait me with this foul derision?
  Is all the counsel that we two have shar'd,
  The sisters' vows, the hours that we have spent
  When we have chid the hasty-footed time   200
  For parting us – O, is all forgot?
  All school-days' friendship, childhood innocence?
  We, Hermia, like two artificial gods,
  Have with our needles created both one flower,
  Both on one sampler, sitting on one cushion,   205
  Both warbling of one song, both in one key,
  As if our hands, our sides, voices and minds,
  Had been incorporate. So we grew together,
  Like to a double cherry, seeming parted,
  But yet an union in partition,   210
  Two lovely berries moulded on one stem;
  So, with two seeming bodies, but one heart;
  Two of the first, like coats in heraldry,
  Due but to one, and crowned with one crest.
  And will you rent our ancient love asunder   215
  To join with men in scorning your poor friend?
  It is not friendly, 'tis not maidenly;

LYSANDER:
>   Mein Lebensglück, das find ich nie bei dir:
>   Bei Helena, die so die Nacht durchfunkelt,
>   Dass sie sogar das Sternenlicht verdunkelt.
>   Was folgst du mir? Kannst du nicht endlich fassen,
>   Weil ich dich hasse, hab ich dich verlassen?

HERMIA:
>   Du sagst nicht, was du denkst. Das kann nicht sein.

HELENA:
>   Schau nur, sie stimmt in dieses Lied mit ein!
>   O ich versteh, verschworen seid ihr drei,
>   Macht mich zum Opfer eurer Spötterei.
>   Hermia, du Biest, du undankbares Stück,
>   Steckst du mit denen unter einer Decke,
>   Um mich mit Hohn und Bosheit so zu quälen?
>   Ist die Vertraulichkeit, die uns verband,
>   Der schwesterliche Schwur und jene Stunden,
>   Als wir die schnellfüßige Zeit verfluchten,
>   Weil sie uns trennte – alles das vergessen?
>   Die Schulfreundschaft und unsre Kinderzeit?
>   Wie künstlerische Götter schufen wir
>   Mit unsern Nadeln beide eine Blume,
>   Zu zweit ein Muster, zwei auf einem Sitz,
>   Sangen zu zweit ein Lied in einem Ton,
>   Als wären unsre Hände, Stimmen, Herzen
>   In eins verschmolzen. So verwuchsen wir
>   Gleichsam zur Zwillingskirsche, nur zum Schein
>   Getrennt, doch eine Einheit in der Trennung.
>   Zwei schöne Beeren an demselben Stiel;
>   Dem Anschein nach zwei Körper, doch ein Herz,
>   Zwei Bilder auf demselben Wappenschild,
>   Das *einen* lobt, gekrönt von *einem* Helm.
>   Und jetzt zerreißt du unsre alte Liebe,
>   Verbündest dich mit Männern, mich zu quälen?
>   Das ist nicht freundschaftlich, nicht Frauenart.

Our sex, as well as I, may chide you for it,
Though I alone do feel the injury.

HERMIA:

I am amazed at your passionate words: 220
I scorn you not; it seems that you scorn me.

HELENA:

Have you not set Lysander, as in scorn,
To follow me, and praise my eyes and face;
And made your other love, Demetrius,
Who even but now did spurn me with his foot,   225
To call me goddess, nymph, divine and rare,
Precious, celestial? Wherefore speaks he this
To her he hates? And wherefore doth Lysander
Deny your love, so rich within his soul,
And tender me, forsooth, affection,   230
But by your setting on, by your consent?
What though I be not so in grace as you,
So hung upon with love, so fortunate,
But miserable most, to love unlov'd?
This you should pity rather than despise.   235

HERMIA:

I understand not what you mean by this.

HELENA:

Ay, do! Persever: counterfeit sad looks,
Make mouths upon me when I turn my back,
Wink each at other; hold the sweet jest up;
This sport, well carried, shall be chronicled.   240
If you have any pity, grace, or manners,
You would not make me such an argument.
But fare ye well; 'tis partly my own fault,
Which death, or absence, soon shall remedy.

LYSANDER:

Stay, gentle Helena; hear my excuse;   245
My love, my life, my soul, fair Helena!

HELENA:

O excellent!

Denn du verrätst in mir unser Geschlecht,
Obwohl nur ich allein das Unrecht spüre.

HERMIA:

Ich steh ganz fassungslos vor deiner Wut.
Ich läster nicht, mir scheint, du lästerst mich.

HELENA:

Hast du mir nicht Lysander nachgeschickt,
Damit sein Lästermaul mein Aussehn lobt?
Lässt du nicht deinen andern Schatz, Demetrius,
Der mich noch eben jetzt mit Füßen trat,
Mich Göttin, Nymphe nennen, wunderschön,
Kostbar und himmlisch? Warum sagt er das
Der, die er hasst? Und warum schwört Lysander
Der Liebe ab, die seine Seele weitet,
Und legt mir obendrein sein Herz zu Füßen,
Wenn nicht, weil du ihn aufhetzt und berätst?
Bin ich schon nicht wie du des Himmels Schoßkind,
Von Liebe so umschwärmt, so glücksbegabt –
Elend vielmehr, so ungeliebt zu lieben:
Bedauern solltest du mich, nicht verachten.

HERMIA:

Ich weiß doch überhaupt nicht, was du meinst!

HELENA:

Auch gut! Bleibt stur, bewahrt die Unschuldsmiene,
Dreht mir die Nase hinter meinem Rücken,
Zwinkert euch zu, treibt nur den Spaß so weiter!
Das geht in die Annalen ein, nur zu!
Hättet ihr Mitleid, Anstand und Charakter,
Ihr würdet mich nicht so zum Narren halten.
Lebt wohl. Zum Teil bin ich ja selbst dran schuld.
Einsamkeit oder Tod wird meine Sühne.

LYSANDER:

Bleib, Helena, ich bitt dich um Verzeihung!
Mein Ein und Alles! Liebste Helena!

HELENA:

Wie schön!

HERMIA: Sweet, do not scorn her so.

DEMETRIUS:
  If she cannot entreat, I can compel.
LYSANDER:
  Thou canst compel no more than she entreat;
  Thy threats have no more strength than her weak   250
                                         prayers.
  Helen, I love thee, by my life I do;
  I swear by that which I will lose for thee
  To prove him false that says I love thee not.
DEMETRIUS:
  I say I love thee more than he can do.
LYSANDER:
  If thou say so, withdraw and prove it too.   255
DEMETRIUS:
  Quick, come!
HERMIA: Lysander, whereto tends all this?
LYSANDER:
  Away, you Ethiope!
DEMETRIUS: No, no; he'll
  Seem to break loose – take on as he would follow,
  But yet come not! You are a tame man, go!
LYSANDER:
  Hang off, thou cat, thou burr! Vile thing, let loose,   260
  Or I will shake thee from me like a serpent.
HERMIA:
  Why are you grown so rude? What change is this,
  Sweet love?
LYSANDER: Thy love? Out, tawny Tartar, out!
  Out, loathed medicine! O hated potion, hence!
HERMIA:
  Do you not jest?   265
HELENA: Yes sooth, and so do you.
LYSANDER:
  Demetrius, I will keep my word with thee.

HERMIA *(zu Lysander):* Verspott sie doch nicht so, mein
                                                  Liebster!
DEMETRIUS:
  Kann sie es nicht erbitten, ich kann's zwingen.
LYSANDER:
  Du kannst nicht mehr erzwingen, als sie bitten.
  Dein Drohn ist kraftlos wie ihr schwaches Flehn.

  Ich lieb dich, Helena, bei meinem Leben.
  Ich schwör's, ich setze es für dich aufs Spiel,
  Um den, der sagt, ich lieb dich nicht, zu fordern.
DEMETRIUS:
  Ich sag, ich liebe dich viel mehr als er.
LYSANDER:
  Wenn du das sagst, komm mit, beweis es mir.
DEMETRIUS:
  Schnell, komm.
HERMIA: Lysander, wohin führt das alles?
LYSANDER:
  Weg, schwarze Schlampe!
DEMETRIUS: Nein, er tut nur so,
  Als wär er wild, als könnt er sich nicht halten,
  Kommt aber nicht. Windbeutel, mach dich fort!
LYSANDER:
  Lass los, du Klette, Klammeraffe, weg!
  Blutegel, weg, sonst reiße ich dich ab!
HERMIA:
  Was bist du denn so grob, so umgewandelt?
  Sag, Liebster?
LYSANDER: Liebster? Weg, Zigeunerschlampe!
  Brechmittel! Lass mich los, verhasstes Gift!
HERMIA:
  Du machst doch Spaß?
HELENA: O ja, genau wie du.
LYSANDER:
  Demetrius, ich halte dir mein Wort.

DEMETRIUS:
  I would I had your bond, for I perceive
  A weak bond holds you; I'll not trust your word.
LYSANDER:
  What, should I hurt her, strike her, kill her dead?
  Although I hate her, I'll not harm her so.   270
HERMIA:
  What, can you do me greater harm than hate?
  Hate me? Wherefor? O me! what news, my love?
  Am not I Hermia? Are not you Lysander?
  I am as fair now as I was erewhile.
  Since night you lov'd me; yet since night you left me.   275
  Why, then you left me – O the gods forbid! –
  In earnest, shall I say?
LYSANDER: Ay, by my life!
  And never did desire to see thee more.
  Therefore, be out of hope, of question, of doubt;
  Be certain, nothing truer; 'tis no jest   280
  That I do hate thee, and love Helena.
HERMIA:
  O me! *[To Helena.]* You juggler! You canker-blossom!
  You thief of love! What, have you come by night
  And stol'n my love's heart from him?
HELENA: Fine, i'faith!
  Have you no modesty, no maiden shame,   285
  No touch of bashfulness? What, will you tear
  Impatient answers from my gentle tongue?
  Fie, fie, you counterfeit! You puppet you!
HERMIA:
  »Puppet«! Why, so? Ay, that way goes the game!
  Now I perceive that she hath made compare   290
  Between our statures; she hath urg'd her height;
  And with her personage, her tall personage,
  Her height, forsooth, she hath prevail'd with him.
  And are you grown so high in his esteem
  Because I am so dwarfish and so low?   295

DEMETRIUS:

Ich halte nichts von Worten, nur von Händen.
Doch die sind dir gebunden, Maulheld, was?

LYSANDER:

Was denn? Soll ich sie treten, prügeln, morden?
Ich hasse sie, jedoch ich tu ihr nichts.

HERMIA:

Kannst du mir Schlimmres antun, als mich hassen?
Mich hassen? und warum? was soll das, Liebster?
Bin ich nicht Hermia? und du Lysander?
Ich bin genauso schön noch wie vorhin.
Nachts hast du mich geliebt und nachts verlassen.
Sag, hast du mich verlassen – Himmel, hilf! –
Im vollen Ernst?

LYSANDER: Ich schwör's dir, Hand aufs Herz!
Und will dich nie im Leben wieder sehn.
Du kannst dir Hoffnung, Fragen, Zweifel sparen,
Glaub's mir, denn nichts ist wahrer. Ohne Witz –
Ich hasse dich und liebe Helena.

HERMIA:

Auweh! *(zu Helena)* Du Gauklerin, du Blumenmade,
Du Liebeselster! Kamst du nachts geschlichen
Und hast sein Herz gestohlen?

HELENA: Schön gesagt!
Hast du denn keine Spur von Anstand, Scheu
Und Sittsamkeit? Willst mir vielleicht auch noch
Unflätigkeiten auf die Lippen zwingen?
Hochstaplerin, pfui, sag ich, Püppchen, du!

HERMIA:

So? – »Püppchen«? – Also daher weht der Wind!
Versteh – sie ließ ihn unsere Figur
Vergleichen, ihre lange Größe merken,
Mit großer Länge, mit dem langen Körper,
Mit großer Körperlänge fing sie ihn.
Stehst du so riesengroß in seiner Gunst,
Weil ich so zwergenklein und winzig bin?

How low am I, thou painted maypole? Speak:
How low am I? I am not yet so low
But that my nails can reach unto thine eyes.
HELENA:
  I pray you, though you mock me, gentlemen,
  Let her not hurt me. I was never curst;   300
  I have no gift at all in shrewishness;
  I am a right maid for my cowardice;
  Let her not strike me. You perhaps may think,
  Because she is something lower than myself,
  That I can match her.   305
HERMIA: »Lower«? Hark, again!
HELENA:
  Good Hermia, do not be so bitter with me.
  I evermore did love you, Hermia,
  Did ever keep your counsels, never wrong'd you,
  Save that, in love unto Demetrius,
  I told him of your stealth unto this wood.   310
  He follow'd you; for love I follow'd him;
  But he hath chid me hence, and threaten'd me
  To strike me, spurn me, nay, to kill me too:
  And now, so you will let me quiet go,
  To Athens will I bear my folly back,   315
  And follow you no further. Let me go:
  You see how simple and how fond I am.
HERMIA:
  Why, get you gone! Who is't that hinders you?
HELENA:
  A foolish heart that I leave here behind.
HERMIA:
  What! with Lysander?   320
HELENA: With Demetrius.
LYSANDER:
  Be not afraid; she shall not harm thee, Helena.
DEMETRIUS:
  No sir, she shall not, though you take her part.

Wie klein bin ich, du bunte Bohnenstange?
Wie klein bin ich? Noch groß genug, dass ich
Dir mit den Nägeln an die Augen lange.

HELENA:

Nein, meine Herrn, ihr spottet zwar, doch lasst
Sie mich nicht kratzen. Ich war niemals frech,
Ich habe kein Talent zur Streiterei;
Was Feigheit angeht, bin ich ganz ein Mädchen!
Verbietet ihr zu schlagen. Wenn ihr denkt,
Ich kriegte sie schon klein, weil sie ja doch
Viel kleiner ist als …

HERMIA: »Kleiner«? Was, schon wieder?

HELENA:

O Hermia, sei doch nicht so bös auf mich.
Ich hab dich immer gern gehabt, du weißt's,
Hab dich nie hintergangen, nie gekränkt,
Nur hab ich dem Demetrius aus Liebe
Von deiner Flucht in diesen Wald erzählt.
Er folgte dir. Ich folgte ihm aus Liebe.
Er aber hat mich weggejagt, gedroht,
Dass er mich schlägt, mich tritt, mich sogar tötet.
Und wenn ihr mich in Frieden laufen lasst,
Geh ich mit meiner Blödheit stracks nach Haus
Und renn euch nicht mehr nach. Drum lasst mich gehn.
Ihr seht, wie kindisch und wie dumm ich bin.

HERMIA:

Na, dann verschwinde! Los, wer hindert dich?

HELENA:

Ein dummes Herz, das ich hier hinterlasse.

HERMIA:

Wem, dem Lysander?

HELENA: Dem Demetrius.

LYSANDER:

Helena, keine Angst, sie tut dir nichts.

DEMETRIUS:

O ganz gewiss nicht, auch wenn du sie schützt.

HELENA:

  O, when she is angry, she is keen and shrewd;
  She was a vixen when she went to school,
  And though she be but little, she is fierce.   325

HERMIA:

  »Little« again? Nothing but »low« and »little«?
  Why will you suffer her to flout me thus?
  Let me come to her!

LYSANDER: Get you gone, you dwarf;
  You minimus, of hindering knot-grass made;
  You bead, you acorn.   330

DEMETRIUS: You are too officious
  In her behalf that scorns your services.
  Let her alone; speak not of Helena;
  Take not her part; for if thou dost intend
  Never so little show of love to her,
  Thou shalt aby it.   335

LYSANDER: Now she holds me not:
  Now follow, if thou dar'st, to try whose right,
  Of thine or mine, is most in Helena.

DEMETRIUS:

  Follow? Nay, I'll go with thee, cheek by jowl.
          Exeunt Lysander and Demetrius.

HERMIA:

  You, mistress, all this coil is long of you.
  Nay, go not back.   340

HELENA: I will not trust you, I,
  Nor longer stay in your curst company.
  Your hands than mine are quicker for a fray:
  My legs are longer though, to run away.
                    Exit.

HERMIA:

  I am amaz'd, and know not what to say.
                    Exit.
          Oberon and Puck come forward.

OBERON:

  This is thy negligence: still thou mistak'st,   345

HELENA:
In ihrer Wut wird sie gemein und tückisch.
Ein Ekel war sie in der Schulzeit schon;
So kurz und klein sie ist, sie ist ein Aas.

HERMIA:
Schon wieder »klein«? Nur immer »kurz« und »klein«?
Das lasst ihr zu, dass sie mich so beschimpft?
Weg da, jetzt langt's!

LYSANDER: Hau ab, du Knotenzwerg,
Du Zwergmaus, aufgestellter Mausdreck du,
Du kurzer Knubbelknirps!

DEMETRIUS: Du spielst zu eifrig
Liebkind bei der, die auf dein Kriechen pfeift.
Lass sie in Ruh, sprich nicht von Helena,
Nimm nicht für sie Partei. Und unterstehst
Du dich, ihr was von Liebe vorzuschwafeln,
Dann kommt's dich teuer.

LYSANDER: Jetzt lässt sie mich los.
Wenn du dich traust, folg nach, wir wolln doch sehn,
Welcher mehr Anrecht hat auf Helena.

DEMETRIUS:
Was, folgen? keine Nasenlänge! schultergleich!
            Lysander und Demetrius ab.

HERMIA:
Der ganze Krach ist deine Schuld, Madame.
Nein – geh nicht weg.

HELENA: Dir glaub ich doch kein Wort!
Wir beide passen nicht an einen Ort.
Sind deine Hände schneller, um zu raufen,
Sind meine Beine länger, um zu laufen.
                    Geht ab.

HERMIA:
Versteh mir einer den verrückten Haufen!
                    Geht ab.
        Oberon und Puck treten vor.

OBERON:
Das geht auf deine Rechnung. Immer patzen!

Or else committ'st thy knaveries wilfully.
PUCK:

Believe me, king of shadows, I mistook.
Did not you tell me I should know the man
By the Athenian garments he had on?
And so far blameless proves my enterprise   350
That I have 'nointed an Athenian's eyes:
And so far am I glad it so did sort,
As this their jangling I esteem a sport.
OBERON:

Thou seest these lovers seek a place to fight.
Hie therefore, Robin, overcast the night;   355
The starry welkin cover thou anon
With drooping fog, as black as Acheron,
And lead these testy rivals so astray
As one come not within another's way.
Like to Lysander sometime frame thy tongue,   360
Then stir Demetrius up with bitter wrong;
And sometime rail thou like Demetrius:
And from each other look thou lead them thus,
Till o'er their brows death-counterfeiting sleep
With leaden legs and batty wings doth creep.   365
Then crush this herb into Lysander's eye,
Whose liquor hath this virtuous property,
To take from thence all error with his might,
And make his eyeballs roll with wonted sight.
When they next wake, all this derision   370
Shall seem a dream and fruitless vision;
And back to Athens shall the lovers wend,
With league whose date till death shall never end.
Whiles I in this affair do thee employ,
I'll to my queen, and beg her Indian boy;   375
And then I will her charmed eye release
From monster's view, and all things shall be peace.
PUCK:

My fairy lord, this must be done with haste,

Wenn dieser Schabernack nicht Absicht ist.

PUCK:

Nein, glaub mir, Schattenkönig, ein Versehen.
Sagtest du nicht, ich könnte diesen Mann
Erkennen an den Kleidern aus Athen?
Soweit bin ich mir keiner Schuld bewusst,
Als ich einen Athener salben musst.
Es kam, wie's kam, und mir kam's sehr zupass,
Denn das Gekeif war doch ein Heidenspaß!

OBERON:

Du siehst, die Herren suchen einen Ort
Zum Kampf. Drum los jetzt, Robin, geh sofort
Die Nacht verdunkeln – nimm dir Nebelschleier
Fürs Sternenlicht aus schwarzem Höhlenweiher,
Führ die Rivalen kreuz und quer, dass nie
Sich ihre Wege treffen. Reize sie,
Indem du dir Lysanders Stimme leihst
Und den Demetrius verlachst; und dreist
Spiel dann Demetrius und höhn Lysander.
Und führ die beiden so lang aneinander
Vorbei, bis sie der Schlaf mit Todesflügeln streift
Und bleischwer sie die Müdigkeit ergreift.
Dann drück dies Kraut Lysander auf die Augen –
Sein Saft hat Zauberkraft, um aufzusaugen,
Was sie verblendet und betrügt; so blickt
Des Auges Blick wie früher ungeknickt.
Erwacht, wird dieser Wirrwarr für sie kaum
Was andres sein als Nachtgespinst und Traum.
Heim nach Athen sich jedes Paar dann wendet
Mit Treueschwüren, die der Tod nur endet.
Du kümmerst dich um sie. Ich eil geschwind
Zur Königin, verlang das Inderkind
Und heile ihre Augen von der Liebe
Zu diesem Monstrum – und dann herrsche Friede.

PUCK:

Dann, Elfenfürst, dann heißt es voranmachen,

For night's swift dragons cut the clouds full fast;
And yonder shines Aurora's harbinger,   380
At whose approach, ghosts wandering here and there
Troop home to churchyards. Damned spirits all,
That in cross-ways and floods have burial,
Already to their wormy beds are gone,
For fear lest day should look their shames upon: 385
They wilfully themselves exil'd from light,
And must for aye consort with black-brow'd night.
OBERON:
But we are spirits of another sort:
I with the Morning's love have oft made sport;
And like a forester the groves may tread   390
Even till the eastern gate, all fiery-red,
Opening on Neptune with fair blessed beams,
Turns into yellow gold his salt green streams.
But notwithstanding, haste, make no delay;
We may effect this business yet ere day.   395
                          [Exit.]
PUCK:
                    Up and down, up and down,
                    I will lead them up and down;
                    I am fear'd in field and town:
                    Goblin, lead them up and down.
Here comes one.   400
                    Enter Lysander.
LYSANDER:
Where art thou, proud Demetrius? Speak thou now.
PUCK:
Here, villain, drawn and ready. Where art thou?
LYSANDER:
I will be with thee straight.
PUCK: Follow me then
To plainer ground.
                [Exit Lysander.] Enter Demetrius.

Denn schon zerreißen schwarze Himmelsdrachen
Das Nachtgewölk, und dort im Osten glänzt
Auroras Bote. Jedes ruhlose Gespenst
Trabt heim zum Kirchhof, und wer ungeweiht
Und ohne Grab an Scheidewegen schreit,
Sucht sich ein Würmerbett. Aus Scham, dass hell
Der Tag die Schande zeigt, will jeder schnell
Dem Licht entfliehn und bleibt mit Vorbedacht
Für alle Zeit im Bann der schwarzen Nacht.

OBERON:

Doch wir sind Geister von ganz anderm Schlag:
Ich kokettier oft mit Aurora früh am Tag
Und darf als Jäger durch die Wälder eilen,
Bis sich des Himmels Osttor mit Lichtpfeilen
Rot glühend auftut und die Sonnenglut
Zu Gold verwandelt Neptuns grüne Flut.
Trotz alledem, mach voran, trödel nicht!
Wir schaffen es noch vor dem Tageslicht!

Geht ab.

PUCK:

Kreuz und quer, kreuz und quer,
Alle führ ich kreuz und quer,
Alle fürchten mich so sehr,
Waldschrat führt sie kreuz und quer.
Einer kommt.

Lysander tritt auf.

LYSANDER:

Demetrius, komm raus, komm her, mach zu!

PUCK *(als Demetrius)*:

Mein Degen wartet schon, wo bleibst denn du?

LYSANDER:

Gleich bin ich bei dir.

PUCK *(als Demetrius)*:   Gut, dann folge mir
Aufs freie Feld.

Lysander ab. Demetrius tritt auf.

DEMETRIUS: Lysander, speak again.
  Thou runaway, thou coward, art thou fled?   405
  Speak! In some bush? Where dost thou hide thy head?
PUCK:
  Thou coward, art thou bragging to the stars,
  Telling the bushes that thou look'st for wars,
  And wilt not come? Come, recreant, come thou child!
  I'll whip thee with a rod; he is defil'd   410
  That draws a sword on thee.
DEMETRIUS: Yea, art thou there?
PUCK:
  Follow my voice; we'll try no manhood here.
                    Exeunt.
                    [Enter Lysander.]
LYSANDER:
  He goes before me, and still dares me on;
  When I come where he calls, then he is gone.
  The villain is much lighter-heel'd than I: 415
  I follow'd fast; but faster he did fly,
  That fallen am I in dark uneven way,
  And here will rest me.
                    Lies down.
                    Come thou gentle day:
  For if but once thou show me thy grey light,
  I'll find Demetrius, and revenge this spite.   420
                    [Sleeps.]
                    Enter Puck and Demetrius.
PUCK:
  Ho, ho, ho! Coward, why com'st thou not?
                    They dodge about the stage.
DEMETRIUS:
  Abide me if thou dar'st, for well I wot
  Thou runn'st before me, shifting every place,
  And dar'st not stand, nor look me in the face.
  Where art thou now?   425
PUCK: Come hither; I am here.

DEMETRIUS: Lysander, ich bin hier.
  Du Hasenfuß, du Feigling – gehst du laufen?
  Kriechst ins Gebüsch? Oh, dich werd ich mir kaufen!
PUCK *(als Lysander):*
  Du Schlappschwanz lügst dem Mond die Hucke voll,
  Erzählst den Büschen, du wärst kampfestoll,
  Und kommst nicht her? Ich leg dich übers Knie,
  Dreikäsehoch, den Degen zieh ich nie,
  Wenn ich mit Tölpeln raufe.
DEMETRIUS: Sag den Ort!
PUCK *(als Lysander):*
  Folg meiner Stimme. Gekämpft wird weiter dort.
          Puck und Demetrius ab.
          Lysander tritt auf.
LYSANDER:
  Er flieht vor mir und droht mir vom Versteck.
  Komm ich, wohin er ruft, dann ist er weg.
  Der Kerl ist ja viel flinker noch als ich;
  Ich lauf zwar schnell, doch schneller flieht er mich,
  Dass ich mich ganz verirr im finstern Wald
  Und lieber raste.
          Legt sich hin.
          Käm der Tag doch bald.
  Seh ich erst wieder was im Dämmerlicht,
  Entgeht Demetrius der Rache nicht.
          Er schläft ein.
          Puck und Demetrius treten auf.
PUCK *(als Lysander):*
  Hei hei hei hei, Feigling! Wo bleibst du denn?
          Sie toben über die Bühne.
DEMETRIUS:
  Bleib stehn, wenn du dich traust, denn ich erkenn,
  Du läufst im Zickzack wie ein junger Hase
  Und traust dich mir aus Angst nicht vor die Nase.
  Wo bist du jetzt?
PUCK *(als Lysander):* Hier bei der Eberesche!

DEMETRIUS:

Nay, then, thou mock'st me; thou shalt buy this dear
If ever I thy face by daylight see:
Now go thy way. Faintness constraineth me
To measure out my length on this cold bed.
By day's approach look to be visited.   430

[Lies down. Sleeps.]
Enter Helena.

HELENA:

O weary night, O long and tedious night,
Abate thy hours! Shine, comforts, from the east,
That I may back to Athens by daylight,
From these that my poor company detest.
And sleep, that sometimes shuts up sorrow's eye,   435
Steal me awhile from mine own company.

[Lies down and] sleeps.

PUCK:

Yet but three? Come one more,
Two of both kinds makes up four.
Here she comes, curst and sad:
Cupid is a knavish lad   440
Thus to make poor females mad!

Enter Hermia.

HERMIA:

Never so weary, never so in woe,
Bedabbled with the dew, and torn with briars,
I can no further crawl, no further go;
My legs can keep no pace with my desires.   445
Here will I rest me till the break of day.
Heavens shield Lysander, if they mean a fray!

[Lies down. Sleeps.]

PUCK:

On the ground
Sleep sound;
I'll apply   450
To your eye,

DEMETRIUS:

Das büßt du mir! Du kriegst noch deine Dresche!
Wenn ich dich fasse, dann wirst du geschröpft!
Jetzt lauf nur zu! Ich bin etwas erschöpft
Und nehm die kalte Kuhle hier als Bett.
Sowie der Morgen graut, kriegst du dein Fett!
Legt sich hin und schläft ein,
Helena tritt auf.

HELENA:

O düstre Nacht! O trübe Nacht, vergehe!
Mach's kurz, schick mir zum Trost den neuen Tag.
Dass ich im Morgenrot den Heimweg sehe,
Weil mich halt nie nicht niemand leiden mag.
Schlaf trocknet oft des Kummers Tränennässe –
Hilf mir, dass ich ein Weilchen mich vergesse!
Legt sich hin und schläft ein.

PUCK:

Wie, erst drei? Fehlt was hier.
Zwei von jeder Art macht vier.
Ist schon da, kummervoll,
Amor ist ein böser Troll,
Macht die Mädchen liebestoll.
Hermia tritt auf.

HERMIA:

So müde wie nie und so matt wie noch nimmer,
So klitschnass vom Tau und von Dornen gepikt,
So krauch ich hier rum, wo ich bin – keinen Schimmer,
Mein Willen ist längst von den Füßen besiegt.
Ich will hier ruhen, bis die Nacht vorbei.
Gott, hilf Lysander bei der Schlägerei!
Legt sich hin und schläft ein.

PUCK:

Auf dem Grund
Schlaf gesund.
Bin so frei,
Tropfe drei

Gentle lover, remedy.
                [Squeezes the juice
                on Lysander's eyelids.]
When thou wak'st,
Thou tak'st
True delight   455
In the sight
Of thy former lady's eye;
And the country proverb known,
That every man should take his own,
In your waking shall be shown: 460
        Jack shall have Jill,
        Nought shall go ill;
The man shall have his mare again, and all shall be well.
                [Exit.]

Tropfen von der Arzenei.
Tropft den Saft auf
Lysanders Augen.
Dann erwacht
Gib nur Acht,
Bist entzückt,
Wirst verrückt
Nach der alten Liebelei.
Dass ich alte Sprüche klopf:
Jeder Deckel kommt zum Topf.
Morgen früh brummt euch der Kopf.
Gleich und gleich gesellt sich gern,
Alles Böse sei euch fern.
Jeder Hengst kriegt seine Stute – alles Gute.
Geht ab.

ACT IV

Scene I

*Enter Titania Queen of Fairies,
and Bottom; Peaseblossom,
Cobweb, Moth, Mustardseed, and
other Fairies; Oberon the King,
behind [, unseen].*

TITANIA:
Come sit thee down upon this flowery bed,
While I thy amiable cheeks do coy,
And stick musk-roses in thy sleek smooth head,
And kiss thy fair large ears, my gentle joy.

BOTTOM: Where's Peaseblossom?   5

PEASEBLOSSOM: Ready.

BOTTOM: Scratch my head, Peaseblossom. Where's Mounsieur Cobweb?

COBWEB: Ready.

BOTTOM: Mounsieur Cobweb, good mounsieur, get you   10
your weapons in your hand, and kill me a red-hipped
humble-bee on the top of a thistle; and good mounsieur, bring me the honey-bag. Do not fret yourself too
much in the action, mounsieur; and good mounsieur,
have a care the honey-bag break not; I would be loath   15
to have you overflowen with a honey-bag, signior.
Where's Mounsieur Mustardseed?

MUSTARDSEED: Ready.

BOTTOM: Give me your neaf, Mounsieur Mustardseed.
Pray you, leave your courtesy, good mounsieur.   20

MUSTARDSEED: What's your will?

BOTTOM: Nothing, good mounsieur, but to help Cavalery
Cobweb to scratch. I must to the barber's, mounsieur, for
methinks I am marvellous hairy about the face; and I am
such a tender ass, if my hair do but tickle me, I must scratch.   25

VIERTER AKT

1. Szene

Titania, Zettel, Bohnenblüte,
Spinnweb, Motte, Senfsamen und
andere Elfen; Oberon unbemerkt
dahinter.

TITANIA:
  Komm, Liebster, setz dich hin aufs Blumenbett;
  Weil ich mein Herz an deinen Pelz verlor,
  Wind ich für dich aus Blüten ein Bukett
  Und zärtlich küsse ich dein langes Ohr.
ZETTEL: Wo ist Bohnenblüte?
BOHNENBLÜTE: Hier.
ZETTEL: Kratz mir den Kopf, Bohnenblüte. Wo ist Mösjö
  Spinnweb?
SPINNWEB: Hier.
ZETTEL: Mösjö Spinnweb, guter Mösjö, nehmen Sie mir
  Ihre Waffen zur Hand und erlegen Sie mir eine rot-
  füßige Brummelbiene auf einer Distelkrone, und guter
  Mösjö, bringen Sie mir den Honigsack. Zerreißen Sie
  sich dafür nicht allzu sehr, Mösjö Spinnweb, und, guter
  Mösjö, geben Sie Obacht, dass der Honigsack nicht
  platzt, es wär mir arg, wenn Sie unter einem Honigsack
  festkleben, Signore. Wo ist Mösjö Senfsamen?
SENFSAMEN: Hier.
ZETTEL: Reichen Sie mir die Kralle, Mösjö Senfsamen.
  Nein, bitte, lassen Sie doch die Kratzfüße, guter Mösjö.
SENFSAMEN: Was wünschen Sie?
ZETTEL: Nichts weiter, guter Mösjö, aber helfen Sie dem
  Caravaliere Bohnenblüte beim Kratzen. Ich muss zum
  Friseur, Mösjö, mir ist, als wär ich unglaublich haarig ums
  Gesicht herum. Ich bin so ein empfindlicher Esel, wenn

TITANIA:

What, wilt thou hear some music, my sweet love?

BOTTOM: I have a reasonable good ear in music. Let's have
the tongs and the bones.

TITANIA:

Or say, sweet love, what thou desir'st to eat?

BOTTOM: Truly, a peck of provender; I could munch your   30
good dry oats. Methinks I have a great desire to a bottle
of hay: good hay, sweet hay, hath no fellow.

TITANIA:

I have a venturous fairy that shall seek

The squirrel's hoard, and fetch thee new nuts.

BOTTOM: I had rather have a handful or two of dried peas.   35
But I pray you, let none of your people stir me: I have
an exposition of sleep come upon me.

TITANIA:

Sleep thou, and I will wind thee in my arms.

Fairies, be gone, and be all ways away.

[Exeunt Fairies.]

So doth the woodbine the sweet honeysuckle   40

Gently entwist; the female ivy so

Enrings the barky fingers of the elm.

O how I love thee! How I dote on thee!

[They sleep.] Enter Puck.

OBERON *[Advancing.]:*

Welcome, good Robin. Seest thou this sweet sight?

Her dotage now I do begin to pity;   45

For, meeting her of late behind the wood

Seeking sweet favours for this hateful fool,

I did upbraid her and fall out with her:

For she his hairy temples then had rounded

With coronet of fresh and fragrant flowers;   50

And that same dew, which sometime on the buds

mich nur irgendwo ein Haar kitzelt, muss ich kratzen.

TITANIA:

Willst du, dass man Musik spielt, du, mein Liebster?

ZETTEL: Ich hab ein ganz respektables Gehör für Musik: blast auf dem Kamm.

TITANIA:

Und sag, Liebster, was möchtest du gern essen?

ZETTEL: Oh, essen, ja, ein Scheffel Futter. Ich könnte gut ein paar Eimer Hafer vertragen. Mir ist, als hätt ich großen Appetit auf ein Bündel Heu. Gutes Heu, süßes Heu, gibt nichts Besseres.

TITANIA:

Mein frechster Elf soll aus dem Vorratsbaum
Des Eichhorns für dich Nüsse wegstibitzen.

ZETTEL: Ich hätt lieber ein oder zwei Hand voll trockener Erbsen. Aber jetzt sag bitte deinen Leuten, sie sollen mich nicht belästigen. Es kommt so eine Vehemenz von Schläfrigkeit über mich.

TITANIA:

Schlaf du, ich wiege dich in meinem Arm.
Elfen, auf allen Wegen weg vom Fleck!

Elfen ab.

Wie du an mich schmiegt sich die Ackerwinde
Lieb an das Geißblatt, und die Efeuranke
Umwindet so der Ulme Borkenast.
O du, ich liebe dich, ich liebe dich!

Sie schlafen. Puck tritt auf.

OBERON:

Willkommen, Puck. Da schau, ist das nicht rührend?
Sie tut mir langsam Leid in ihrem Wahn.
Als ich sie traf, da kraucht sie durchs Gebüsch
Nach Pollenstaub für dieses Ungetüm.
Ich nahm sie mir zur Brust und wurde grob.
Da hatte sie ihm doch die Zottelschläfen
Verziert mit lauter frischen Blütenknospen!
Der Tau, der sonst in ihren Kelchen kugelt

Was wont to swell like round and orient pearls,
Stood now within the pretty flowerets' eyes
Like tears, that did their own disgrace bewail.
When I had at my pleasure taunted her,　　　　　　55
And she in mild terms begg'd my patience,
I then did ask of her her changeling child;
Which straight she gave me, and her fairy sent
To bear him to my bower in fairy land.
And now I have the boy, I will undo　　　　　　60
This hateful imperfection of her eyes.
And gentle Puck, take this transformed scalp
From off the head of this Athenian swain,
That he awaking when the other do,
May all to Athens back again repair,　　　　　　65
And think no more of this night's accidents
But as the fierce vexation of a dream.
But first I will release the fairy queen.
　　　　　　[Squeezes the juice on her eyelids.]
　　　　　　Be as thou wast wont to be;
　　　　　　See as thou wast wont to see:　　　　　　70
　　　　　　Dian's bud o'er Cupid's flower
　　　　　　Hath such force and blessed power.
　Now my Titania, wake you, my sweet queen.
TITANIA *[Waking.]*:
　My Oberon! What visions have I seen!
　Methought I was enamour'd of an ass.　　　　　　75
OBERON:
　There lies your love.
TITANIA:　　　　　　　How came these things to pass?
　O how mine eyes do loathe his visage now!
OBERON:
　Silence awhile. Robin, take off this head.
　Titania, music call; and strike more dead
　Than common sleep, of all these five the sense.　　　　　　80
TITANIA:
　Music ho, music, such as charmeth sleep!

Wie Silberperlen aus dem Orient,
Stand diesen armen Blumen in den Augen
Wie Tränentropfen, die sich selbst beweinen.
Als ich nach Herzenslust ihr die Leviten
Gelesen, sie sich sanft bei mir entschuldigt hatte,
Verlangte ich sofort von ihr den Knaben,
Den sie mir ohne weiteres gab und mir
Von einer Fee zum Haine bringen ließ.
Und weil das Kind nun mein ist, will ich ihr
Das ekle Zerrbild aus den Augen lösen.
Dann, Puck, nimm diesem Holzkopf aus Athen
Den angehexten Pelzbalg ab, so dass,
Wird er zusammen mit den andern wach,
Die ganze Bande heimwärts ziehen kann
Und an die Abenteuer dieser Nacht
Nur wie an einen wüsten Alptraum denkt.
Doch erst erlöse ich die Königin.
            Tropft Titania den Saft auf die Augen.
                  Sei, wie du gewesen bist,
                  Sieh, wie du gesehen hast,
                  Dianas Blüte schlägt voll List
                  Amors Liebesblumenlast.
      Wach auf, du Fee, wach auf, Titania!
TITANIA *(erwacht):*
      Mein Oberon, was ich für Träume sah!
      Mir war – ich liebte einen Esel ohne Scham!
OBERON:
      Da liegt dein Schatz.
TITANIA: Wie kam es, dass das kam?
      Iiiih, wie mir jetzt vor diesem Scheusal graut!
OBERON:
      Nur leise! Puck, lass diesen Kopf verschwinden!
      Titania, lass Musik der Schläfer Sinne binden
      In tiefe Ohnmacht, tief wie Todesschlaf.
TITANIA:
      Musik! Musik, die ihren Schlaf umhülle!

Soft music.

PUCK *[Taking the ass-head off Bottom.]:*

  Now when thou wak'st, with thine own fool's eyes peep.

OBERON: Sound, music!

        [Music strikes into a dance.]

                Come my queen, take hands

                        with me,

  And rock the ground whereon these sleepers be.

    [Oberon and Titania dance.]

  Now thou and I are new in amity,   85

  And will to-morrow midnight, solemnly,

  Dance in Duke Theseus' house triumphantly,

  And bless it to all fair prosperity.

  There shall the pairs of faithful lovers be

  Wedded, with Theseus, all in jollity.   90

PUCK:

        Fairy king, attend and mark:

        I do hear the morning lark.

OBERON:

        Then my queen, in silence sad,

        Trip we after night's shade:

        We the globe can compass soon,   95

        Swifter than the wandering moon.

TITANIA:

        Come my lord, and in our flight

        Tell me how it came this night

        That I sleeping here was found

        With these mortals on the ground.   100

        Exeunt. The four lovers and Bottom

         still lie asleep. To the winding of

         horns [within], enter Theseus,

         Hippolyta, Egeus, and Train.

THESEUS:

  Go one of you, find out the forester;

  For now our observation is perform'd,

  And since we have the vaward of the day,

Leise Musik.

PUCK *(zu Zettel, ihm den Kopf abnehmend):*
  Glotz wieder durch die eigene Pupille!

OBERON: Musik!

Musik und Tanz.

Komm, Königin, wir tanzen Hand
in Hand
  Um die fünf Schläfer hier im Feenland,

Oberon und Titania tanzen.

  Und damit unser neues Freundschaftsband
  Beständig sei, da wolln wir unerkannt
  Gleich morgen Nacht auf Theseus' Fest gewandt
  Die Tänze führen und den Ehestand
  Von jedem Paare segnen, das sich fand
  In Liebe und zur Treue sich bekannt.

PUCK:
        Elfenkönig, horch, im Pferche
        Singt bereits die Morgenlerche!

OBERON:
        Königin, wir müssen sacht
        Mit der Nacht ins Dunkel reisen;
        Schneller als der Mond es macht,
        Können wir die Welt umkreisen.

TITANIA:
        Sag mir dann nur ganz am Rand,
        Wie es heute Nacht gekommen,
        Dass ich schwer vom Schlaf benommen
        Zwischen Sterblichen mich fand.

Oberon, Titania und Puck ab.
Die Liebespaare und Zettel schlafen.
Jagdhörner. Theseus, Hippolyta,
Egeus und Gefolge treten auf.

THESEUS:
  Geh einer fort und suche mir den Jäger;
  Denn unsre Maienandacht ist zu Ende,
  Und weil der Tag schon graut, soll meine Liebste

My love shall hear the music of my hounds.
Uncouple in the western valley; let them go; 105
Dispatch I say, and find the forester.
[Exit an Attendant.]
We will, fair queen, up to the mountain's top,
And mark the musical confusion
Of hounds and echo in conjunction.

HIPPOLYTA:

I was with Hercules and Cadmus once, 110
When in a wood of Crete they bay'd the bear
With hounds of Sparta; never did I hear
Such gallant chiding; for, besides the groves,
The skies, the fountains, every region near
Seem'd all one mutual cry; I never heard 115
So musical a discord, such sweet thunder.

THESEUS:

My hounds are bred out of the Spartan kind,
So flew'd, so sanded; and their heads are hung
With ears that sweep away the morning dew;
Crook-knee'd and dewlapp'd like Thessalian bulls; 120
Slow in pursuit, but match'd in mouth like bells,
Each under each: a cry more tuneable
Was never holla'd to, nor cheer'd with horn,
In Crete, in Sparta, nor in Thessaly.
Judge when you hear. But soft, what nymphs are these? 125

EGEUS:

My lord, this is my daughter here asleep,
And this Lysander; this Demetrius is,
This Helena, old Nedar's Helena.
I wonder of their being here together.

THESEUS:

No doubt they rose up early, to observe 130
The rite of May; and hearing our intent,
Came her in grace of our solemnity.
But speak, Egeus; is not this the day
That Hermia should give answer of her choice?

Sogleich das Jagdlied meiner Hunde hören.
Koppelt sie los im Westtal; lasst sie frei.
Beeilt euch, sage ich, und sucht den Jäger.
     Ein Bedienter ab.
Wir, Königin, wir steigen hoch zum Kamm
Und hören die melodische Verwirrung
Aus Hundebellen und aus Echohall.

HIPPOLYTA:

Ich war einmal bei Herkules und Cadmus
Zur Bärenhatz in Kretas Wäldern mit
Spartanerhunden. Niemals hörte ich
So ein Gebell! Nicht nur die Wälder selbst,
Auch Himmel, Quellen, jedes Ding schwang wie
Aus einem Hall. Harmonischer klang nie
Ein Misston in der Welt, so weich der Donner.

THESEUS:

Auch meine Meute stammt aus Spartas Zucht,
Heißblütig, kurz im Haar, mit Hängeohren
Wie um den Morgentau vom Gras zu streifen,
Krummbeinig, wammig wie Thessaliens Stiere,
Zäh bei der Hatz, das Bellen abgestimmt
Wie Glockenspiel. Harmonischeres Jaulen
Zum Jagdhorn und zum Halali schallt nicht
In Kreta, Sparta oder in Thessalien.
Urteile selbst. – Halt! Still! Was ist das? Nymphen?

EGEUS:

Das ist ja meine Tochter, die da schläft;
Und das Lysander, dort Demetrius,
Und Helena – des alten Nedar Tochter!
Ich frage mich, was die zusammen treiben!

THESEUS:

Sie brachen zweifellos in Herrgottsfrüh
Zur Maienandacht auf, genau wie wir,
Um hier an unsrer Feier teilzunehmen.
Doch sag, Egeus, ist nicht heut der Tag,
Dass Hermia die Entscheidung treffen muss?

EGEUS:
  It is, my lord.   135
THESEUS:
  Go, bid the huntsmen wake them with their horns.
            Shout within; winding of horns.
            The lovers wake and start up.
  Good-morrow friends. Saint Valentine is past:
  Begin these wood-birds but to couple now?
            [The lovers kneel.]
LYSANDER:
  Pardon, my lord.
THESEUS: I pray you all, stand up.
  I know you two are rival enemies: 140
  How comes this gentle concord in the world,
  That hatred is so far from jealousy
  To sleep by hate, and fear no enmity?
LYSANDER:
  My lord, I shall reply amazedly,
  Half sleep, half waking; but as yet, I swear,   145
  I cannot truly say how I came here.
  But as I think – for truly would I speak –
  And now I do bethink me, so it is:
  I came with Hermia hither; our intent
  Was to be gone from Athens, where we might,   150
  Without the peril of the Athenian law –
EGEUS:
  Enough, enough, my lord; you have enough!
  I beg the law, the law upon his head!
  They would have stol'n away, they would, Demetrius,
  Thereby to have defeated you and me: 155
  You of your wife, and me of my consent,
  Of my consent that she should be your wife.
DEMETRIUS:
  My lord, fair Helen told me of their stealth,
  Of this their purpose hither to this wood;
  And I in fury hither follow'd them,   160

EGEUS:
Gewiss, gewiss, mein Fürst.

THESEUS:
Die Jäger solln sie mit den Hörnern wecken.
Ein Ruf; Hörnerklang;
die Liebespaare fahren hoch.
Ja, guten Tag! – Sankt Valentin ist rum!
Wolln sich die Vögel hinterher noch paaren?
Die Liebespaare fallen auf die Knie.

LYSANDER:
Verzeihung, Fürst.

THESEUS: Schon gut, steht alle auf.
Ich weiß, dass ihr zwei Nebenbuhler seid.
Wie kommt jetzt diese Eintracht in die Welt,
Dass Hass beim Hass ganz ohne Misstraun schläft
Und sich nicht vor des andern Feindschaft fürchtet?

LYSANDER:
Mein Fürst, ich staune selbst und rede hier
Halb wach, halb schlafend. Doch ich schwöre Ihnen,
Ich weiß es selbst nicht, wie ich herkam, Herr.
Ich denke mir – ich will bestimmt nicht lügen,
Und wenn ich's recht bedenke – es war so:
Ich kam mit Hermia her. Wir hatten vor,
Weg aus Athen an einen Ort zu fliehn,
Wo uns die Drohung des Athener Rechts …

EGEUS:
Das reicht, das reicht – mein Fürst, das reicht für Sie!
Ich will das Recht, den Kopf, das Kopfrecht will ich!
Die wollten fliehn, Demetrius, ja, fliehn!
Uns Schnippchen schlagen, dir und mir, uns beiden,
Und dir die Frau und mir das Jawort stehlen,
Das Jawort, dass du sie zur Frau bekommst!

DEMETRIUS:
Mein Fürst, die schöne Helena verriet
Mir ihren Plan, die Flucht in diesen Wald,
Und ich bin ihnen voller Wut gefolgt,

Fair Helena in fancy following me.
But my good lord, I wot not by what power –
But by some power it is – my love to Hermia,
Melted as the snow, seems to me now
As the remembrance of an idle gaud   165
Which in my childhood I did dote upon;
And all the faith, the virtue of my heart,
The object and the pleasure of mine eye,
Is only Helena. To her, my lord,
Was I betroth'd ere I saw Hermia;   170
But like a sickness did I loathe this food:
But as in health, come to my natural taste,
Now I do wish it, love it, long for it,
And will for evermore be true to it.

THESEUS:

Fair lovers, you are fortunately met;   175
Of this discourse we more will hear anon.
Egeus, I will overbear your will;
For in the temple, by and by, with us,
These couples shall eternally be knit.
And, for the morning now is something worn,   180
Our purpos'd hunting shall be set aside.
Away, with us, to Athens: three and three,
We'll hold a feast in great solemnity.
Come, Hippolyta.

> *Exeunt Theseus, Hippolyta,*
> *Egeus, and Train.*

DEMETRIUS:

These things seem small and undistinguishable,   185
Like far-off mountains turned into clouds.

HERMIA:

Methinks I see these things with parted eye,
When everything seems double.

HELENA: So methinks;
And I have found Demetrius like a jewel,
Mine own, and not mine own.   190

Und mich verfolgte Helena voll Liebe.
Doch jetzt, mein Fürst – ich weiß nicht, wie es kam,
War's höhere Gewalt?, dass mir die Liebe
Zu Hermia wie Schnee zerschmolz und nun
Nichts weiter scheint als nur Erinnerung
An Spielereien aus der Kinderzeit.
Und meine ganze Leidenschaft und Liebe,
Mein Herz, mein Schatz, mein Augenstern ist nur
Noch Helena allein! Mit ihr, mein Fürst,
War ich verlobt, bevor ich Hermia sah;
Ich hasste sie wie Kranke Haferschleim.
Gesundet komm ich nun auf den Geschmack
Und will sie haben, liebe sie, begehr
Sie heiß und will ihr treu sein alle Zeit.

THESEUS:
Verliebte, euer Glück habt ihr gefunden.
Ihr sollt uns später mehr davon erzählen.
Egeus, deine Wünsche weis ich ab.
Denn gleich mit uns im Tempel solln die Paare
Vereinigt werden für die Ewigkeit.
Und weil der Morgen schon recht angebraucht
Ist, lassen wir die Jagd heut besser sein.
Kommt mit zur Stadt. Dort wolln wir, dreimal zwei,
In Feste taumeln und in Schlemmerei.
So komm, Hippolyta.

Theseus, Hippolyta, Egeus
und Gefolge ab.

DEMETRIUS:
Dies alles scheint so klein und unerkennbar
Wie ferne Berge, die zu Wolken werden.

HERMIA:
Mir ist, als säh ich mit dem Silberblick,
Weil alles doppelt scheint.

HELENA: So ist mir auch.
Ich fand Demetrius wie einen Ring
Am Wegrand – mein zwar, doch nicht mein.

DEMETRIUS: Are you sure
  That we are awake? It seems to me
  That yet we sleep, we dream. Do not you think
  The Duke was here, and bid us follow him?
HERMIA:
  Yea, and my father.
HELENA: And Hippolyta.
LYSANDER:
  And he did bid us follow to the temple.   195
DEMETRIUS:
  Why then, we are awake: let's follow him,
  And by the way let us recount our dreams.
Exeunt.
BOTTOM *[Waking.]:* When my cue comes, call me and I will
  answer. My next is »Most fair Pyramus«. Heigh-ho! Peter
  Quince? Flute, the bellows-mender? Snout, the tinker?   200
  Starveling? God's my life! Stolen hence, and left me asleep!
  I have had a most rare vision. I have had a dream, past
  the wit of man to say what dream it was. Man is but an
  ass if he go about to expound this dream. Methought I
  was – there is no man can tell what. Methought I was –   205
  and methought I had – but man is but a patched fool if
  he will offer to say what methought I had. The eye of
  man hath not heard, the ear of man hath not seen, man's
  hand is not able to taste, his tongue to conceive, nor his
  heart to report, what my dream was. I will get Peter   210
  Quince to write a ballad of this dream: it shall be called
  »Bottom's Dream«, because it hath no bottom; and I will
  sing it in the latter end of a play, before the Duke. Per-
  adventure, to make it the more gracious, I shall sing it
  at her death.   215

Exit.

DEMETRIUS: Sagt mir,
Sind wir auch wirklich wach, seid ihr euch sicher?
Mir ist, als ob wir alle schlafen, träumen.
War nicht der Herzog hier und hieß uns folgen?
HERMIA:
Ja, und mein Vater.
HELENA: Und Hippolyta.
LYSANDER:
Und er befahl, dass wir zum Tempel kommen.
DEMETRIUS:
Ja dann, dann sind wir wach. Wir folgen ihm,
Und unterwegs erzählen wir die Träume.
                    Alle ab. Zettel erwacht.
ZETTEL: Wenn mein Stichwort fällt, ruft mich, und ich will
antworten. Mein nächstes ist »süßester Pyramus«. Hallo!
Heh! Peter Squenz! Flaut, der Blasbalgflicker! Schnauz,
der Kesselflicker! Schlucker! Herrgottsakra – davonge-
schlichen und lassen mich hier schlafen! – Ich hab eine
seltene Vision gehabt. Ich hab einen Traum gehabt – das
geht über Menschenverstand zu sagen, was das für ein
Traum war. Der Mensch ist glattweg ein Esel, wenn er
sich erfrecht, diesen Traum auszulegen. Mir war, ich
wär – kein Mensch kann sagen, was. Mir war, ich wär –
und mir war, ich hätt –, aber der Mensch ist nur ein
scheckichter Hansnarr, wenn er sich erdreistet zu sagen,
was mir war, dass ich hätt. Des Menschen Auge hat's noch
nicht gehört, des Menschen Ohr hat's noch nicht gesehn,
des Menschen Hand kann's nicht schmecken, seine Zunge
nicht erfassen und sein Herz nicht erzählen, was mein
Traum war! Ich will den Peter Squenz dazu bringen, dass
er mir eine Ballade von diesem Traum schreibt. Sie soll
Zettels Traum heißen, weil darin alles ganz und gar verzettelt ist, und ich werd sie so am hinteren Ende unsres
Stückes vor dem Herzog singen. Vielleicht, damit's ele-
ganter wirkt, sing ich's auch erst nach meinem Tod.
                    Geht ab.

Scene II

Enter Quince, Flute, Snout,
and Starveling.

QUINCE: Have you sent to Bottom's house? Is he come
 home yet?

STARVELING: He cannot be heard of. Out of doubt he is
 transported.

FLUTE: If he come not, then the play is marred: it goes not   5
 forward, doth it?

QUINCE: It is not possible. You have not a man in all Athens
 able to discharge Pyramus but he.

FLUTE: No, he hath simply the best wit of any handicraft
 man in Athens.   10

QUINCE: Yea, and the best person too; and he is a very
 paramour for a sweet voice.

FLUTE: You must say paragon. A paramour is, God bless
 us, a thing of naught.

Enter Snug the Joiner.

SNUG: Masters, the Duke is coming from the temple, and   15
 there is two or three lords and ladies more married. If
 our sport had gone forward, we had all been made men.

FLUTE: O sweet bully Bottom! Thus hath he lost sixpence
 a day during his life; he could not have 'scaped sixpence
 a day. And the Duke had not given him sixpence a day   20
 for playing Pyramus, I'll be hanged. He would have
 deserved it: sixpence a day in Pyramus, or nothing.

Enter Bottom.

BOTTOM: Where are these lads? Where are these hearts?

QUINCE: Bottom! O most courageous day! O most happy
 hour!   25

2. Szene

Squenz, Flaut, Schnauz
und Schlucker treten auf.

SQUENZ: Habt ihr schon zu Zettel nach Haus geschickt? Ist er noch nicht heimgekommen?

SCHLUCKER: Man hört nichts von ihm. Zweifelsohne hat man ihn zerwunschen.

FLAUT: Wenn er nicht kommt, ist das Stück im Eimer. Da geht doch dann nichts mehr, oder?

SQUENZ: Ausgeschlossen. Ihr habt in ganz Athen keinen Mann, der so kompetent ist, den Pyramus zu deklinieren, wie er.

FLAUT: Nein, er hat einfach den schärfsten Kopf von allen Handwerkern in Athen.

SQUENZ: Ja, und obendrein die stärkste Persönlichkeit noch dazu; und er ist ein wahres Idyll an süßlicher Stimme.

FLAUT: Ein Idol, musst du sagen. Ein Idyll – Gott bewahre –, das ist was ganz Übles.

Schnock tritt auf.

SCHNOCK: Meisters, der Herzog kommt eben aus dem Tempel, und da hat's sogar noch zwei oder drei weitere Damen und Herren verheiratet. Wenn's mit unserm Stück geklappt hätte, da wären wir alle gemachte Leute gewesen.

FLAUT: O du Zettel Nervtöter! So hat er jetzt sechs Groschen pro Tag auf Lebenszeit verloren. Unter sechs Groschen pro Tag wär's nicht abgegangen. Wenn ihm der Herzog nicht sechs Groschen pro Tag für den Pyramus gegeben hätte, da will ich mich hängen lassen. Er hätt es verdient; sechs Groschen pro Tag für den Pyramus oder gar nichts.

Zettel tritt auf.

ZETTEL: Wo sind die Kerle? Wo sind die Goldjungen?

SQUENZ: Zettel! O Freudentag! O Jubelstunde!

BOTTOM: Masters, I am to discourse wonders: but ask me
not what; for if I tell you, I am not true Athenian. I will
tell you everything, right as it fell out.

QUINCE: Let us hear, sweet Bottom.

BOTTOM: Not a word of me. All that I will tell you is, that   30
the Duke hath dined. Get your apparel together, good
strings to your beards, new ribbons to your pumps; meet
presently at the palace; every man look o'er his part: for
the short and the long is, our play is preferred. In any
case, let Thisbe have clean linen; and let not him that   35
plays the lion pare his nails, for they shall hang out for
the lion's claws. And most dear actors, eat no onions nor
garlic, for we are to utter sweet breath; and I do not
doubt but to hear them say, it is a sweet comedy. No
more words. Away! Go, away!   40

Exeunt.

ZETTEL: Meisters, ich hab euch Wunder zu berichten –
aber fragt mich nicht, was, wenn ich's euch sage, will ich
kein echter Athener mehr heißen. – Ich will euch alles
sagen, haarklein wie's vorgefallen ist.

SQUENZ: Lass hören, Herzenszettel!

ZETTEL: Von mir keine Silbe! Ich will euch nur so viel sagen – der Herzog haben diniert. Schafft eure Kostüme
bei, gute Schnüre an eure Bärte, neue Bänder an die
Schuhe. Treffpunkt Palast, und zwar sofort. Jeder schau
sich seine Rolle an. Denn lirum larum Löffelstiel –
unser Stück ist in die Auswahl genommen. Lasst für alle
Fälle Thisbe frische Wäsche anziehen, und der den Löwen spielt, der soll sich nicht die Nägel schneiden, damit sie raushängen als Löwenkrallen. Und dann, ihr Lieb-
linge, ihr Schauspieler, esst keine Zwiebeln, esst kein
Knoblauch! Denn wir sollen einen süßen Atem aus-
stoßen, und ich hör sie schon jetzt zweifelsfrei sagen, es
wär eine ganz süße Komödie. Kein Wort mehr. Fort!
Marsch – fort!

                              Alle ab.

ACT V

Scene I

*Enter Theseus, Hippolyta; Lords
and Attendants, among them
Philostrate.*

HIPPOLYTA:
  'Tis strange, my Theseus, that these lovers speak of.
THESEUS:
  More strange than true. I never may believe
  These antique fables, nor these fairy toys.
  Lovers and madmen have such seething brains,
  Such shaping fantasies, that apprehend   5
  More than cool reason ever comprehends.
  The lunatic, the lover, and the poet
  Are of imagination all compact:
  One sees more devils than vast hell can hold;
  That is the madman: the lover, all as frantic,   10
  Sees Helen's beauty in a brow of Egypt:
  The poet's eye, in a fine frenzy rolling,
  Doth glance from heaven to earth, from earth to
                              heaven;
  And as imagination bodies forth
  The forms of things unknown, the poet's pen   15
  Turns them to shapes, and gives to airy nothing
  A local habitation and a name.
  Such tricks hath strong imagination,
  That if it would but apprehend some joy,
  It comprehends some bringer of that joy: 20
  Or, in the night, imagining some fear,
  How easy is a bush suppos'd a bear!
HIPPOLYTA:
  But all the story of the night told over,
  And all their minds transfigur'd so together,

FÜNFTER AKT

1. Szene

Theseus, Hippolyta, Philostrat,
Edelleute, Gefolge.

HIPPOLYTA:
  Sehr wunderlich, was die Verliebten reden.
THESEUS:
  Mehr wunderlich als wahr. Ich glaube nicht
  An diese Märchen, diesen Feenzauber.
  Verliebten und Verrückten kocht das Hirn,
  Die Phantasie treibt Blüten, fabuliert,
  Mehr als ein klarer Kopf verstehen kann.
  Verrückte, Dichter, Liebende bestehn
  Schlichtweg aus Einbildung: Der eine sieht
  Mehr Teufel, als die Hölle fassen kann:
  Das ist der Irre. Der Verliebte, wirr
  Wie jener, sieht in der Zigeunerin
  Die Schönheit Helenas. Der Dichterblick,
  Der schön im Wahnsinn flackert, zuckt von Erd
  Zu Himmel, zuckt vom Himmel auf die Erde.
  Und wie die Phantasie Ideen ausgebiert
  Von unbekannten Dingen, bannt der Stift
  Des Dichters sie in Formen ein und gibt
  Luftigem Nichts in Worten ein Zuhause.
  Ein solches Gaukelspiel treibt Phantasie,
  Dass sie, wenn sie ein Glück erfahren will,
  Auch gleich den Bringer dieses Glücks sich schafft.
  Und denk, wie leicht die Phantasie bei Nacht
  Aus Angst sich jeden Busch zum Bären macht!
HIPPOLYTA:
  Bedenkt man aber diese Nachtgeschichten
  Und wie die Herzen umgewandelt sind,

More witnesseth than fancy's images, 25
And grows to something of great constancy;
But howsoever, strange and admirable.
                Enter the lovers: Lysander,
                Demetrius, Hermia, and Helena.
THESEUS:
Here come the lovers, full of joy and mirth.
Joy, gentle friends, joy and fresh days of love
Accompany your hearts! 30
LYSANDER: More than to us
Wait in your royal walks, your board, your bed!
THESEUS:
Come now; what masques, what dances shall we have,
To wear away this long age of three hours
Between our after-supper and bed-time?
Where is our usual manager of mirth? 35
What revels are in hand? Is there no play
To ease the anguish of a torturing hour?
Call Philostrate.
PHILOSTRATE *[Advancing.]*: Here, mighty Theseus.
THESEUS:
Say, what abridgement have you for this evening, 40
What masque, what music? How shall we beguile
The lazy time, if not with some delight?
PHILOSTRATE:
There is a brief how many sports are ripe:
Make choice of which your Highness will see first.
                [Giving a paper.]
THESEUS:
[Reads.]: »The battle with the Centaurs, to be sung 45
By an Athenian eunuch to the harp«?
We'll none of that; that have I told my love
In glory of my kinsman Hercules.
[Reads.]: »The riot of the tipsy Bacchanals,
Tearing the Thracian singer in their rage«? 50
That is an old device, and it was play'd

Dann sieht man mehr darin als Hirngespinste:
Ein Etwas, das zu großer Dauer wächst,
Ein Etwas, was es sei, schön ist's und gut.

Lysander, Demetrius, Hermia
und Helena treten auf.

THESEUS:
Hier kommen die Verliebten, froh und glücklich.
Glück wünsch ich, Freunde, Glück und alle Tage
Aufs Neue Liebesfreuden!

LYSANDER: Ihnen selbst,
Auf allen Wegen und für Tisch und Bett!

THESEUS:
Und nun, mit was für Tänzen, Maskenspielen,
Erschlagen wir drei Stunden Ewigkeit
Zwischen dem Nachtisch und der Schlafenszeit?
Wo bleibt denn unser Meister der Vergnügung?
Was gibt's für Possen? Ist kein Schauspiel da,
Um uns die Qual des Wartens zu versüßen?
Ruft Philostrat.

PHILOSTRAT *(tritt vor):* Zur Stelle, großer Theseus.

THESEUS:
Was gibt's für Zeitvertreib an diesem Abend?
Was für Musik und Tanz? Wie täuschen wir
Die zähe Zeit, wenn nicht durch das Vergnügen?

PHILOSTRAT:
Auf dieser Liste stehn die Darbietungen,
Bestimmen Sie, mein Fürst, das erste Spiel.

Reicht ihm einen Zettel.

THESEUS:
»Kentauren in der Schlacht, gesungen von
Einem Eunuchen aus Athen, mit Harfe«.
Nein, lieber nicht. Das hab ich meiner Braut
Zum Ruhm des Vetters Herkules erzählt.
»Geheul der trunkenen Bacchantinnen,
Als sie aus Wut Orpheus in Stücke rissen«.
Das Stück ist schon uralt, das zeigte man,

When I from Thebes came last a conqueror.
[Reads.]: »The thrice three Muses mourning for the death
Of learning, late deceas'd in beggary«?
That is some satire, keen and critical,   55
Not sorting with a nuptial ceremony.
[Reads.]: »A tedious brief scene of young Pyramus
And his love Thisbe, very tragical mirth«?
Merry and tragical? Tedious and brief?
That is hot ice, and wondrous strange snow!   60
How shall we find the concord of this discord?
PHILOSTRATE:
    A play there is, my lord, some ten words long,
    Which is as brief as I have known a play;
    But by ten words, my lord, it is too long,
    Which makes it tedious; for in all the play   65
    There is not one word apt, one player fitted.
    And tragical, my noble lord, it is,
    For Pyramus therein doth kill himself;
    Which, when I saw rehears'd, I must confess
    Made mine eyes water; but more merry tears   70
    The passion of loud laughter never shed.
THESEUS:
    What are they that do play it?
PHILOSTRATE:
    Hard-handed men that work in Athens here,
    Which never labour'd in their minds till now;
    And now have toil'd their unbreath'd memories   75
    With this same play, against your nuptial.
THESEUS:
    And we will hear it.
PHILOSTRATE: No, my noble lord,
    It is not for you: I have heard it over,
    And it is nothing, nothing in the world;
    Unless you can find sport in their intents,   80
    Extremely stretch'd and conn'd with cruel pain
    To do you service.

Als ich letzthin siegreich aus Theben kam.
»Die Trauer der neun Musen um den Tod
Der Kunst, die an der Auszehrung verschied«!
Das ist wohl was Satirisch-Kritisches,
Das passt nicht gut zu einer Hochzeitsfeier.
»Langweilig-kurzes Stück vom jungen Pyramus
Und seiner lieben Thisbe – sehr tragisches Vergnügen«.
Vergnügt und tragisch? Kurz und langweilig?
Das ist ja heißes Eis und schwarzer Schnee.
Wie findet man die Eintracht dieser Zwietracht?

PHILOSTRAT:
Das ist ein Stück, mein Fürst, zehn Worte lang,
Und darum »kurz«, wie ich kein zweites kenne.
Zehn Worte ist es aber grad zu lang,
Dadurch wird's lang-weilig! Im ganzen Stück
Stimmt nicht ein Wort, kein Spieler kennt sich aus.
Und »tragisch« ist es wirklich, edler Fürst,
Denn Pyramus nimmt sich zum Schluss das Leben –
Was mich während der Proben, ich gesteh's,
Zu Tränen trieb: jedoch soviel »Vergnügen«
Beim Tränenlachen hatte ich noch nie.

THESEUS:
Wer spielt es denn?

PHILOSTRAT:
Vierschrötige Handwerker aus Athen,
Für die der Geist noch nie ein Werkzeug war
Und die die ungeübten Köpfe jetzt
Mit einem Stück für Ihre Hochzeit quälen.

THESEUS:
Wir wollen's hören.

PHILOSTRAT: Nein, gnädigster Fürst,
Das ist doch nichts für Sie! Ich hab's gehört,
Da ist nichts dran und drin, nichts in der Welt,
Wenn Sie nicht Spaß allein am Vorsatz finden,
Der ihre Kräfte grausam übersteigt,
Um Sie zu ehren.

THESEUS: I will hear that play;
   For never anything can be amiss
   When simpleness and duty tender it.
   Go bring them in; and take your places, ladies.   85
                [Exit Philostrate.]
HIPPOLYTA:
   I love not to see wretchedness o'er-charg'd,
   And duty in his service perishing.
THESEUS:
   Why, gentle sweet, you shall see no such thing.
HIPPOLYTA:
   He says they can do nothing in this kind.
THESEUS:
   The kinder we, to give them thanks for nothing.   90
   Our sport shall be to take what they mistake:
   And what poor duty cannot do, noble respect
   Takes it in might, not merit.
   Where I have come, great clerks have purposed
   To greet me with premeditated welcomes;   95
   Where I have seen them shiver and look pale,
   Make periods in the midst of sentences,
   Throttle their practis'd accent in their fears,
   And, in conclusion, dumbly have broke off,
   Not paying me a welcome. Trust me, sweet,   100
   Out of this silence yet I pick'd a welcome,
   And in the modesty of fearful duty
   I read as much as from the rattling tongue
   Of saucy and audacious eloquence.
   Love, therefore, and tongue-tied simplicity   105
   In least speak most, to my capacity.
                [Enter Philostrate.]
PHILOSTRATE:
   So please your grace, the Prologue is address'd.

THESEUS: Let him approach.

THESEUS: Nun, ich will es hören,
Denn nichts kann ganz und gar danebengehn,
Um das sich Pflicht und Einfalt ehrlich mühn.
Führt sie herein, die Damen nehmen Platz.
Philostrat ab.

HIPPOLYTA:
Ich mag's nicht, wenn man Unterlegene
Benutzt und Pflichtgefühl im Dienst missbraucht.

THESEUS:
Dergleichen, Liebste, wirst du hier nicht sehn.

HIPPOLYTA:
Er sagt doch, dass sie nichts davon verstehen!

THESEUS:
So gnädiger sind wir, für nichts zu danken.
Was sie verpfuschen zu vertuschen, das
Ist unser Spaß. Wo Feuereifer patzt,
Sieht Achtung nur den Willen, nicht die Tat.
Wohin ich kam, da hatten Würdenträger
Begrüßungsfloskeln sich zurechtgelegt.
Bald sah ich sie dann zittern und erbleichen,
Sie stockten mittendrin in jedem Satz,
Die Angst saß ihnen wie ein Kloß im Hals,
Und dann zu guter Letzt verstummten sie
Und grüßten mich nicht mal! Du kannst mir glauben,
Auch aus dem Schweigen las ich das Willkommen,
Und aus der Schüchternheit ängstlichen Eifers
Hör ich soviel wie aus dem Plappermaul
Frecher, aufdringlicher Redseligkeit.
Liebe und Einfalt, die am Wort verzagt,
Redet am meisten, wo sie gar nichts sagt.
Philostrat tritt auf.

PHILOSTRAT:
Mein Fürst, beliebt es Ihnen – der Prolog
Ist schon bereit.

THESEUS: Dann lass ihn kommen.

Flourish of trumpets. Enter Quince
for the Prologue.

PROLOGUE:

  If we offend, it is with our good will.
  That you should think, we come not to offend,   110
  But with good will. To show our simple skill,
  That is the true beginning of our end.
  Consider then, we come but in despite.
  We do not come, as minding to content you,
  Our true intent is. All for your delight,   115
  We are not here. That you should here repent you,
  The actors are at hand; and by their show,
  You shall know all, that you are like to know.

THESEUS: This fellow doth not stand upon points.

LYSANDER: He hath rid his prologue like a rough colt; he   120
  knows not the stop. A good moral, my lord: it is not
  enough to speak, but to speak true.

HIPPOLYTA: Indeed he hath played on this prologue like a
  child on a recorder; a sound, but not in government.

THESEUS: His speech was like a tangled chain; nothing   125
  impaired, but all disordered. Who is next?

Enter, with a Trumpeter before
them, [Bottom as] Pyramus and
[Flute as] Thisbe, and [Snout as]
Wall, and [Starveling as]
Moonshine, and [Snug as] Lion.

PROLOGUE:

  Gentles, perchance you wonder at this show;
  But wonder on, till truth make all things plain.
  This man is Pyramus, if you would know;
  This beauteous lady Thisbe is certain.   130
  This man, with lime and rough–cast, doth present
  Wall, that vile wall which did these lovers sunder;
  And through Wall's chink, poor souls, they are content

Trompetensignal. Squenz als
Prolog tritt auf.

SQUENZ (PROLOG):
Wenn wir missfallen, ist es unser Wille,
Dass ihr nicht denkt. Wir kommen zu missfallen,
Nur das ist unser Streben. Kunst in Fülle
Niemals. Soll euer Widerwille wallen.
Bedenkt, wir kommen heute, euch zu schmerzen.
Niemals allein zum Zweck, dass ihr euch freut.
Das ist das einzge Ziel, den Spaß euch auszumerzen.
Das wollen wir. Nicht euch zur Freude heut
Erscheint die Schauspieltruppe, mus'geküsst,
Und zeigt euch, was ihr sicherlich schon wisst.

THESEUS: Der Bursche nimmt's nicht genau mit seinen
Punkten.

LYSANDER: Er hat seinen Prolog geritten wie ein wildes
Fohlen, er weiß nicht, wie anhalten. Eine gute Lehre,
mein Fürst: es reicht nicht, dass man redet, man muss
auch richtig reden.

HIPPOLYTA: Wirklich, er hat auf seinem Prolog gespielt wie
ein Kind auf der Flöte – ein Geräusch, aber kein Klang.

THESEUS: Seine Rede war wie eine verwickelte Kette –
nichts zerrissen, aber alles in Unordnung. Wer kommt
jetzt?

Zettel als Pyramus, Flaut als
Thisbe, Schnauz als Wand,
Schlucker als Mondschein und
Schnock als Löwe.

SQUENZ (PROLOG):
Ihr wundert euch vielleicht an dieser Pracht,
Doch wundert nur, bis euch die Wahrheit plättet.
Der Mann hier ist zum Pyramus gemacht,
Die Schönheit Thisbe ist – wer hätt's gewettet?
Der Mann mit Kalk und Mörtel präsentiert
Die Wand – die schofle Wand, die Lieb tut scheiden,
Und durch den Spalt der Wand, die schikaniert,

To whisper. At the which let no man wonder.
This man, with lantern, dog, and bush of thorn, 135
Presenteth Moonshine; for, if you will know,
By moonshine did these lovers think no scorn
To meet at Ninus' tomb, there, there to woo.
This grisly beast, which Lion hight by name,
The trusty Thisbe, coming first by night, 140
Did scare away, or rather did affright;

And as she fled, her mantle she did fall,
Which Lion vile with bloody mouth did stain.
Anon comes Pyramus, sweet youth and tall,
And finds his trusty Thisbe's mantle slain; 145
Whereat with blade, with bloody blameful blade,
He bravely broach'd his boiling bloody breast;
And Thisbe, tarrying in mulberry shade,
His dagger drew, and died. For all the rest,

Let Lion, Moonshine, Wall, and lovers twain 150
At large discourse, while here they do remain.
              Exeunt Prologue, Pyramus, Thisbe,
                  Lion, and Moonshine.
THESEUS: I wonder if the lion be to speak?
DEMETRIUS: No wonder, my lord; one lion may when
    many asses do.
WALL:
    In this same interlude it doth befall 155
    That I, one Snout by name, present a wall;
    And such a wall as I would have you think
    That had in it a crannied hole, or chink,
    Through which the lovers, Pyramus and Thisbe,
    Did whisper often, very secretly. 160
    This loam, this rough-cast, and this stone doth show
    That I am that same wall; the truth is so:
    And this the cranny is, right and sinister,
    Through which the fearful lovers are to whisper.

Man flüstert. So was kann kein Mensch erleiden.
Der Mann mit Lampe, Hund und Reisigbusch
Den Mondschein deklamiert – in ihm darinnen,
Da wollen die Verliebten so husch-husch
Zum Friedhof gehen, um sich dort zu minnen.
Dies greulich Untier ist als Leu bekannt.
Die treue Thisbe kommt bei Nacht gerannt –
Allein – der Löw' sie schreckt und scheucht – sie
fleucht.
Beim Fleuchen dann der Mantel von ihr gleitet,
Der Löwe kaut ihn durch mit Speichel rot.
Heran der Jüngling Pyramus nun schreitet
Und findet seiner Thisbe Mantel tot.
Er nimmt den Dolch, den dampfend düstern Dolch,
Und bricht sich brav den blutvoll bangen Busen.
Und Thisbe, die versteckt war wie ein Molch,
Naht, nimmt den Dolch – und stirbt. Lasst nun die
Musen,
Lasst Löwe, Mondschein, Wand und Liebespaar
Die traurige Geschichte bringen dar.
Squenz, Zettel, Flaut, Schnock
und Schlucker ab.
THESEUS: Ich frage mich, ob der Löwe sprechen wird.
DEMETRIUS: Keine Frage, mein Fürst – ein Löwe wird's
können, wenn so viele Esel es tun.
SCHNAUZ (WAND):
In diesem Stücke mich man hat verwandt,
Dass ich – Tom Schnauz genannt – bin eine Wand.
Bei dieser Wand ist dabei noch ein Witz,
Ich habe eine Spalte oder Ritz,
Wodurch die Thisbe und der Pyramus
Nachher noch häufig heimlich lispeln muss.
Gips, Mörtel und der Stein beweisen klar,
Die Wand ist echt, und ich bin Wand fürwahr.
Das ist der Spalt, waagrecht und eng und düster,
Hier wispeln beide schüchtern ihr – Geflüster.

THESEUS: Would you desire lime and hair to speak better?   165

DEMETRIUS: It is the wittiest partition that ever I heard dis-
   course, my lord.
                     Enter Pyramus.
THESEUS: Pyramus draws near the wall; silence!
PYRAMUS:
   O grim-look'd night! O night with hue so black!
   O night, which ever art when day is not!   170
   O night, O night, alack, alack, alack,
   I fear my Thisbe's promise is forgot!
   And thou, O wall, O sweet, O lovely wall,
   That stand'st between her father's ground and mine;
   Thou wall, O wall, O sweet and lovely wall,   175
   Show me thy chink, to blink through with mine eyne.
               [Wall stretches out his fingers.]
   Thanks, courteous wall: Jove shield thee well for this!
   But what see I? No Thisbe do I see.
   O wicked wall, through whom I see no bliss,
   Curs'd be thy stones for thus deceiving me!   180
THESEUS: The wall, methinks, being sensible, should curse
   again.
PYRAMUS: No, in truth sir, he should not. »Deceiving me«
   is Thisbe's cue: she is to enter now, and I am to spy her
   through the wall. You shall see it will fall pat as I told 185
   you: yonder she comes.

                     Enter Thisbe.
THISBE:
   O wall, full often hast thou heard my moans,
   For parting my fair Pyramus and me!
   My cherry lips have often kiss'd thy stones,
   Thy stones with lime and hair knit up in thee.   190
PYRAMUS:
   I see a voice; now will I to the chink,

THESEUS: Kann man von Kalk und Haaren einen besseren
  Text verlangen?

DEMETRIUS: Ich hab mein Lebtag keine Wand so witzig
  reden hören, mein Fürst.

  Zettel als Pyramus tritt auf.

THESEUS: Pyramus geht auf die Wand los. Ruhe!

ZETTEL (PYRAMUS):

  O dunkle Nacht, o Nacht so schwarz wie Nacht!
  O Nacht, die ewig währt bis auf die Tage!
  O Nacht, o Nacht, o wehe, weh, o acht!
  Vergisst mich Thisbe, das ist hier die Frage.
  Und du, o Wand, o süße Wand, o Wand,
  Stehst zwischen ihrem Vaterhaus und mir,
  Du Wand, o Wand, o süße Wand, o Wand,
  Zeig mir den Ritz, dass ich hinüberstier.

  Wand spreizt zwei Finger.

  O gute Wand, es segne dich der Himmel.
  Was seh ich da? Ich sehe Thisbe nicht.
  O böse Wand, befalle dich der Schimmel:
  Fluch diesem Stein, er lügt mir ins Gesicht.

THESEUS: Ich finde, wenn die Wand vernünftig ist, sollte
  sie zurückfluchen.

ZETTEL: Nein, mit Erlaubnis, mein Fürst, das soll sie nicht.
  »Ins Gesicht« ist Thisbes Stichwort. Sie muss jetzt auf-
  treten, und ich muss sie durch die Wand ausspionieren.
  Sie werden sehn, es geht haargenau, wie ich Ihnen sage.
  Da kommt sie ja.

  Flaut als Thisbe tritt auf.

FLAUT (THISBE):

  O Wand, wie oft hab ich hier stöhnen müssen,
  Weil du den Pyramus von mir getrennt!
  Mein Kirschenmund benetzte dich mit Küssen,
  Mein Auge hat schon oft den Stein beflennt.

ZETTEL (PYRAMUS):

  Ich seh die Stimme. Schnell an diesen Spalt.

   To spy and I can hear my Thisbe's face.
   Thisbe?
THISBE: My love thou art, my love I think!
PYRAMUS:
   Think what thou wilt, I am thy lover's grace;
   And like Limander am I trusty still.   195
THISBE:
   And I like Helen, till the Fates me kill.
PYRAMUS:
   Not Shafalus to Procrus was so true.
THISBE:
   As Shafalus to Procrus, I to you.
PYRAMUS:
   O kiss me through the hole of this vile wall.
THISBE:
   I kiss the wall's hole, not your lips at all.   200
PYRAMUS:
   Wilt thou at Ninny's tomb meet me straightway?
THISBE:
   'Tide life, 'tide death, I come without delay.
                         Exeunt Pyramus and
                         Thisbe [, severally].
WALL:
   Thus have I, Wall, my part discharged so;
   And, being done, thus Wall away doth go.
                         Exit.
THESEUS: Now is the mure rased between the two neigh-   205
   bours.
DEMETRIUS: No remedy my lord, when walls are so wilful
   to hear without warning.
HIPPOLYTA: This is the silliest stuff that ever I heard.
THESEUS: The best in this kind are but shadows; and the   210
   worst are no worse, if imagination amend them.

HIPPOLYTA: It must be your imagination then, and not
   theirs.

Ich späh, ob ich nicht hör die süß' Gestalt.
O Thisbe!

FLAUT (THISBE): Süßer! Bin ich deine Süße?

ZETTEL (PYRAMUS):
Du warst und bist, ich küsse dir die Füße.
Denn dein ist alle Zeit mein ganzes Herz.

FLAUT (THISBE):
Und meins ist deins und fühlt wie du den Schmerz.

ZETTEL (PYRAMUS):
Dir ewig treu sei meines Triebes Liebe.

FLAUT (THISBE):
O dass mich treuer noch die Liebe triebe!

ZETTEL (PYRAMUS):
O küss mich durch das Loch der schnöden Wand!

FLAUT (THISBE):
Ich küss der Wand das Loch ganz dicht am Rand.

ZETTEL (PYRAMUS):
Kommst du zum Kirschhof nachts als meine Sonne?

FLAUT (THISBE):
Ob lebend oder tot, ich komm voll Wonne.
Zettel und Flaut zu verschiedenen
Seiten ab.

SCHNAUZ (WAND):
Ich Wand als Wand erfüllte meinen Zweck,
Es ist vollbracht, die Wand geht wieder weg.
Schnauz ab.

THESEUS: Nun ist die moralische Mauer weg zwischen den beiden Nachbarn.

DEMETRIUS: Auch eine festgemauerte Moral hilft nichts, wenn Wände Ohren haben.

HIPPOLYTA: Das ist das albernste Zeug, das ich je gehört habe.

THESEUS: Das Beste dieser Art ist nur Schattenspiel, und das Schlechteste ist nicht schlechter, wenn die Phantasie nachhilft.

HIPPOLYTA: Das muss dann deine Phantasie sein und nicht ihre.

THESEUS: If we imagine no worse of them than they of
    themselves, they may pass for excellent men. Here come   215
    two noble beasts in, a man and a lion.

Enter Lion and Moonshine.

LION:
    You ladies, you whose gentle hearts do fear
    The smallest monstrous mouse that creeps on floor,
    May now, perchance, both quake and tremble here,
    When lion rough in wildest rage doth roar.   220
    Then know that I as Snug the joiner am
    A lion fell, nor else no lion's dam;
    For if I should as lion come in strife
    Into this place, 'twere pity on my life.
THESEUS: A very gentle beast, and of a good conscience.   225
DEMETRIUS: The very best at a beast, my lord, that e'er I
    saw.
LYSANDER: This lion is a very fox for his valour.
THESEUS: True; and a goose for his discretion.
DEMETRIUS: Not so, my lord, for his valour cannot carry   230
    his discretion; and the fox carries the goose.

THESEUS: His discretion, I am sure, cannot carry his va-
    lour; for the goose carries not the fox. It is well: leave it
    to his discretion, and let us listen to the moon.
MOONSHINE:
    This lantern doth the horned moon present –   235
DEMETRIUS: He should have worn the horns on his head.
THESEUS: He is no crescent, and his horns are invisible
    within the circumference.
MOONSHINE:
    This lantern doth the horned moon present;
    Myself the Man i'th'Moon do seem to be.   240
THESEUS: This is the greatest error of all the rest; the man

THESEUS: Wenn wir nicht schlechter von ihnen denken als
sie von sich selbst, können sie als hervorragende Leute
durchgehen. Hier kommen zwei edle Viecher: ein Mann
und ein Löwe.

> *Schnock als Löwe und Schlucker*
> *als Mondschein treten auf.*

SCHNOCK (LÖWE):
> Ihr sanften Damen quiekt sonst auf der Bank,
> Seht ihr das kleinste Mäuseungeheuer —
> Kriecht nicht vor Beben zitternd in den Schrank,
> Wenn jetzt der Löwe brünstig brüllt im Feuer.
> Denn wisset, dass ich Schnock, der Schreiner, bin,
> Kein Löwe nicht und nicht einmal Löwin.
> Käm ich als Löwe rein mit Kampf im Rachen,
> Da hätte ich gewisslich nichts zu lachen.

THESEUS: Eine sanfte Bestie, und sehr gewissenhaft.

DEMETRIUS: Das Beste an Bestie, was ich je gesehen habe,
mein Fürst.

LYSANDER: Dieser Löwe ist ein wahrer Fuchs an Tapferkeit.

THESEUS: Richtig, und eine Gans an Vorsicht.

DEMETRIUS: Nein, unmöglich, mein Fürst, denn seine
Vorsicht stiehlt ihm seine Tapferkeit, und welche Gans
hat schon mal den Fuchs gestohlen?

THESEUS: Aber Vorsicht ist der bessere Teil der Tapferkeit,
also betrachten wir ihn als ausgefuchste Gans voll tapferer
Vorsicht und hören wir dem Mond zu.

SCHLUCKER (MONDSCHEIN):
> Die Lampe ist des Mondes Sichelhorn —

DEMETRIUS: Er sollte die Hörner auf dem Kopf tragen.

THESEUS: Er ist doch kein Vollmond; die Hörner stecken
unsichtbar im Dunkeln.

SCHLUCKER (MONDSCHEIN):
> Die Lampe ist des Mondes Sichelhorn,
> Ich selber scheine als der Mann im Monde —

THESEUS: Das ist der dickste Fehler überhaupt: der Mann

should be put into the lantern. How is it else the Man
i'the Moon?

DEMETRIUS: He dares not come there for the candle; for
you see it is already in snuff.   245

HIPPOLYTA: I am aweary of this moon. Would he would
change!

THESEUS: It appears by his small light of discretion that he
is in the wane; but yet in courtesy, in all reason, we must
stay the time.   250

LYSANDER: Proceed, Moon.

MOONSHINE: All that I have to say is, to tell you that the
lantern is the moon; I the Man i'th'Moon; this thorn-
bush my thorn-bush; and this dog my dog.

DEMETRIUS: Why, all these should be in the lantern, for all   255
these are in the moon. But silence: here comes Thisbe.

Enter Thisbe.

THISBE:
This is old Ninny's tomb. Where is my love?

LION:
O −!

*The Lion roars. Thisbe [dropping
her mantle,] runs off.*

DEMETRIUS: Well roared, Lion!

THESEUS: Well run, Thisbe!   260

HIPPOLYTA: Well shone, Moon! Truly, the moon shines
with a good grace.

*[The Lion worries the mantle,
and exit.]*

THESEUS: Well moused, Lion!

DEMETRIUS: And then came Pyramus −

LYSANDER: And so the lion vanished.   265

Enter Pyramus.

PYRAMUS:
Sweet Moon, I thank thee for thy sunny beams;
I thank thee, Moon, for shining now so bright;

sollte in die Laterne gesteckt werden. Wie sonst ist er
der Mann im Mond?

DEMETRIUS: Er traut sich nicht rein wegen der Kerze. Sehen
Sie, er raucht schon.

HIPPOLYTA: Ich habe diesen Mond satt, ich wollte, er würde
wechseln.

THESEUS: Das kleine Licht seiner Vernunft beweist, dass er
im Abnehmen ist. Aber höflicherweise und anstands-
halber müssen wir die Zeit durchstehn.

LYSANDER: Nur weiter, Mond.

SCHLUCKER (MONDSCHEIN): Alles, was ich zu sagen habe,
ist, Ihnen zu sagen, dass die Laterne der Mond ist und
ich der Mann im Mond und dieses Reisigbündel mein
Reisigbündel und dieser Hund mein Hund.

DEMETRIUS: Also, das müsste alles rein in die Laterne, denn
das ist alles im Mond. Aber Ruhe: hier kommt Thisbe.
Flaut als Thisbe tritt auf.

FLAUT (THISBE):
Hier ruht der Kirschhof. Wo ist mein Geliebter?

SCHNOCK (LÖWE):
Oh!

Der Löwe brüllt. Flaut lässt den
Mantel fallen und rennt ab.

DEMETRIUS: Gut gebrüllt, Löwe!

THESEUS: Gut gerannt, Thisbe!

HIPPOLYTA: Gut geleuchtet, Mond! Wirklich, der Mond
scheint sehr graziös.

Der Löwe zerreißt Thisbes Mantel
und geht ab.

THESEUS: Gut gemaust, Löwe!

DEMETRIUS: Und dann kam Pyramus.

LYSANDER: Und da verschwand der Löwe.
Zettel als Pyramus tritt auf.

ZETTEL (PYRAMUS):
O süßer Mond, du strahlst so sonnig helle!
Ich dank dir, Mond, für deinen Sonnenschein.

For by thy gracious, golden, glittering gleams,
I trust to take of truest Thisbe sight.
                  But stay! O spite!   270
                  But mark, poor knight,
            What dreadful dole is here?
                  Eyes, do you see?
                  How can it be?
              O dainty duck! O dear!   275
                  Thy mantle good,
              What! Stain'd with blood?
            Approach, ye Furies fell!
                O Fates, come, come!
                Cut thread and thrum: 280
           Quail, crush, conclude, and quell.
THESEUS: This passion, and the death of a dear friend,
  would go near to make a man look sad.
HIPPOLYTA: Beshrew my heart, but I pity the man.
PYRAMUS:
  O wherefore, Nature, didst thou lions frame,   285
  Since lion vile hath here deflower'd my dear?
  Which is − no, no − which was the fairest dame
  That liv'd, that lov'd, that lik'd, that look'd with cheer.
                Come tears, confound!
                Out sword, and wound   290
              The pap of Pyramus;
                Ay, that left pap,
                Where heart doth hop:
                [Stabs himself.]
            Thus die I, thus, thus, thus!
                Now am I dead,   295
                Now am I fled;
            My soul is in the sky.
                Tongue, lose thy light;
                Moon, take thy flight!
                [Exit Moonshine.]
           Now die, die, die, die, die.   300

In deiner goldig-gelben Glitzergrelle
Riech ich die treulich traute Thisbe mein.
    Doch halt – o Schreck!
    Sieh da – ein Fleck!
    Welch greulich Graus mich lupft!
    Ihr Augen mein,
    Was kann das sein?
    O zartes Huhn, gerupft!
    Dein Mantel gut –
    Befleckt mit Blut!
    Komm, Furie fürchterlich!
    Zerreiß mein Hirn,
    Den Lebenszwirn,
    Knack, hack und packe mich!

THESEUS: Dieser Jammer und der Tod eines lieben Freun-
des sollten einem Menschen schon an die Nieren gehen.

HIPPOLYTA: Lacht mich aus, aber der Mann tut mir Leid.

ZETTEL (PYRAMUS):
Warum, Natur, musstest du Löwen bauen?
Ein Löwe schnöd hat sie mir defloriert.
Sie ist – nein, war – die schönste aller Frauen,
Sie lachte, lebte, liebte ungeniert.
    Aug, träne nich'!
    Stich, Dolch, und brich
    Den Busen Pyramus'.
    Ja, links den Bus',
    Dem Herz zum Gruß,
    Ich sterben muss, muss, muss.
    Er ersticht sich.
    Nun bin ich tot
    Und lieg im Kot;
    O Seele, nicht verdirb!
    Zung, lösch dein Licht.
    Mond, rede nicht.
    Mondschein geht ab.
    Nun stirb, nun stirb, nun stirb.

[Dies.]

DEMETRIUS: No die, but an ace for him; for he is but one.

LYSANDER: Less than an ace, man; for he is dead, he is nothing.

THESEUS: With the help of a surgeon he might yet recover,
and prove an ass.   305

HIPPOLYTA: How chance Moonshine is gone, before Thisbe
comes back and finds her lover?

THESEUS: She will find him by starlight. Here she comes,
and her passion ends the play.

Enter Thisbe.

HIPPOLYTA: Methinks she should not use a long one for   310
such a Pyramus; I hope she will be brief.

DEMETRIUS: A mote will turn the balance, which Pyramus, which Thisbe, is the better: he for a man, God
warrant us; she for a woman, God bless us!

LYSANDER: She hath spied him already with those sweet   315
eyes.

DEMETRIUS: And thus she means, videlicet –

THISBE:

> Asleep, my love?
> What, dead, my dove?
> O Pyramus, arise!   320
> Speak, speak! Quite dumb?
> Dead, dead? A tomb
> Must cover thy sweet eyes.
> These lily lips,
> This cherry nose,   325
> These yellow cowslip cheeks,
> Are gone, are gone!
> Lovers, make moan;
> His eyes were green as leeks.
> O Sisters Three,   330

Er stirbt.

DEMETRIUS: Das war sein letzter Stich; er hat »Pik« gespielt und das Herz ausgestochen.

LYSANDER: Jetzt kommt die Herzdame und stolpert über den ausgespielten Kreuzbuben.

THESEUS: Wieso Bube? Der Mann ist ein Ass, ein Aas, könnte man sagen, riecht mal, er stinkt zum Himmel. Holt den Abdecker.

HIPPOLYTA: Wieso ist der Mondschein weggegangen, bevor Thisbe zurückkommt und ihren Liebhaber findet?

THESEUS: Sie wird ihn beim Sternenlicht finden. Da kommt sie, ihre Arie beendet das Stück.

Flaut als Thisbe tritt auf.

HIPPOLYTA: Ich finde, für so einen Pyramus braucht es keine lange Arie. Hoffentlich fasst sie sich kurz.

DEMETRIUS: Eine Motte auf der Waage gibt den Ausschlag, ob Pyramus oder Thisbe besser spielt: er den Mann, steh der Herr uns bei, oder sie die Frau, sei der Herr uns gnädig!

LYSANDER: Sie hat ihn schon erspäht mit ihren süßen Kulleraugen.

DEMETRIUS: Und daher bricht sie folgendermaßen zusammen:

FLAUT (THISBE):

    Du schläfst, mein Schatz?
    Was, tot, mein Spatz?
 O Pyramus, ich wein.
    Sprich, sprich. So stumm?
    Tot, tot? Wie dumm!
Ins Grab muss nun dein Bein.
    Dein Lilienmund,
    Die Nase bunt,
Dein Ohr wie Rosenkohl,
    Dein Aug, so rot,
    Ist tot, ist tot,
Wie wird dein Kopf so hohl!
    Ihr Furien drei,

   Come, come to me,
  With hands as pale as milk;
   Lay them in gore,
   Since you have shore
  With shears his thread of silk.   335
   Tongue, not a word:
   Come, trusty sword,
  Come, blade, my breast imbrue!
    [Stabs herself.]
   And farewell, friends;
   Thus Thisbe ends: 340
  Adieu, adieu, adieu!
    [Dies.]

THESEUS: Moonshine and Lion are left to bury the dead.

DEMETRIUS: Ay, and Wall too.

BOTTOM *[Starting up.]:* No, I assure you; the wall is down
 that parted their fathers. *[Flute rises.]* Will it please you 345
 to see the epilogue, or to hear a Bergomask dance between two of our company?

THESEUS: No epilogue, I pray you; for your play needs no
 excuse. Never excuse; for when the players are all dead,
 there need none to be blamed. Marry, if he that writ it 350
 had played Pyramus, and hanged himself in Thisbe's gar-
 ter, it would have been a fine tragedy — and so it is, truly,
 and very notably discharged. But come, your Bergomask; let your epilogue alone.
    [Enter Quince, Snug, Snout, and
    Starveling, two of whom dance a
    Bergamask. Then exeunt
    handicraftsmen, including
    Flute and Bottom.]

The iron tongue of midnight hath told twelve.   355
Lovers, to bed; 'tis almost fairy time.
I fear we shall outsleep the coming morn
As much as we this night have overwatch'd.

Kommt, kommt herbei,
Mit Händen weiß wie Milch.
Legt sie in Blut.
Ihr habt in Wut
Ermordet meinen Knilch.
Wort' ohne Wert!
Komm, treues Schwert!
Stich Dolch, Brust in die Höh!
Ersticht sich.
Ade, du Welt.
Die Thisbe fällt.
Adieu, adieu, adieu!
Sie stirbt.

THESEUS: Mondschein und Löwe sind übrig, um die Toten
zu begraben.

DEMETRIUS: Ja, und Wand auch.

ZETTEL *(springt auf)*: Nein, ich versichere Ihnen, die Wand
ist abgerissen, die die Väter getrennt hat. Beliebt Ihnen,
den Epilog zu sehen, oder hören Sie lieber einen Bergomasker Tanz von zwei Mitgliedern unserer Truppe?

THESEUS: Nein, bitte keinen Epilog. Euer Stück braucht
keine Entschuldigung. Entschuldigt euch nie, denn
wenn die Mimen alle tot sind, kann man keinem etwas
vorwerfen. Also, wenn der, der es geschrieben hat, den
Pyramus gespielt und sich an Thisbes Strumpfband er-
hängt hätte, wär eine schöne Tragödie daraus geworden –
und es war auch eine, wirklich, und sehr bemerkenswert
dargeboten. Aber vorwärts, euern Bergomasker Tanz,
den Epilog könnt ihr euch schenken.
Ein Tanz. Zettel und die
Handwerker ab.

Die Mitternacht hat ehern zwölf gerufen.
Ins Bett, Verliebte, bald ist Geisterzeit.
Den Morgen, fürcht ich, werden wir verschlafen,
So haben wir die Nacht zum Tag gemacht.

This palpable-gross play hath well beguil'd
The heavy gait of night. Sweet friends, to bed.   360
A fortnight hold we this solemnity
In nightly revels and new jollity.
            Exeunt. Enter Puck.

PUCK:

    Now the hungry lion roars,
    And the wolf behowls the moon;
    Whilst the heavy ploughman snores,   365
    All with weary task fordone.
    Now the wasted brands do glow,
    Whilst the screech-owl, screeching loud,
    Puts the wretch that lies in woe
    In remembrance of a shroud.   370
    Now it is the time of night
    That the graves, all gaping wide,
    Every one lets forth his sprite
    In the church-way paths to glide.
    And we fairies, that do run   375
    By the triple Hecate's team
    From the presence of the sun,
    Following darkness like a dream,
    Now are frolic; not a mouse
    Shall disturb this hallow'd house.   380
    I am sent with broom before
    To sweep the dust behind the door.
          Enter Oberon and Titania the
          King and Queen of Fairies, with
               all their Train.

OBERON:

    Through the house give glimmering light
    By the dead and drowsy fire;
    Every elf and fairy sprite   385
    Hop as light as bird from briar;
    And this ditty after me
    Sing, and dance it trippingly.

Das dümmlich-platte Spiel hat doch den Gang
Der Nacht getäuscht. Ins Bett, ihr meine Freunde!
Noch vierzehn Tag wird abends so wie heute
Ein Fest gefeiert, allen hier zur Freude.

Alle ab. Puck tritt auf.

PUCK:
  Löwen brüllen jetzt in Brunst,
  Wölfe heulen in den Mond
  Und der müde Bauer grunzt,
  Für die Müh mit Schlaf belohnt.
  Jetzt verglimmt im Herd die Glut,
  Käuzchen krächzen Todesfluch,
  Dass den Sterbenden das Blut
  Schaudert vor dem Leichentuch.
  Jetzt zur Nacht beginnt der Spuk,
  Wenn es in den Gräbern lebt
  Und der Toten Geisterzug
  Über Friedhofswegen schwebt.
  Nur wir Elfen, die im Tanz
  Der Hekate Wagen ziehn
  Und vor hellem Sonnenglanz
  Träumen gleich ins Dunkel fliehn –
  Wir sind fröhlich. Keine Maus
  Störe dies geweihte Haus.
  Ich lauf mit dem Besen vor
  Und feg den Staub erst hinters Tor.

*Oberon, Titania und Gefolge
treten auf.*

OBERON:
  Dass dies Haus im Licht ergleißt,
  Funken holt vom Glimmerfeuer.
  Troll und Gnom und Feengeist –
  Schwirrt wie Schwalben durchs Gemäuer.
  Und die Feenlieder singt
  Nun mit mir und tanzt beschwingt.

TITANIA:

    First rehearse your song by rote,

    To each word a warbling note;   390

    Hand in hand, with fairy grace,

    Will we sing, and bless this place.

         [Oberon leading,

        the Fairies sing and dance.]

OBERON:

    Now, until the break of day,

    Through this house each fairy stray.

    To the best bride-bed will we,   395

    Which by us shall blessed be;

    And the issue there create

    Ever shall be fortunate.

    So shall all the couples three

    Ever true in loving be;   400

    And the blots of Nature's hand

    Shall not in their issue stand:

    Never mole, hare-lip, nor scar,

    Nor mark prodigious, such as are

    Despised in nativity,   405

    Shall upon their children be.

    With this field-dew consecrate,

    Every fairy take his gait,

    And each several chamber bless

    Through this palace with sweet peace;   410

    And the owner of it blest,

    Ever shall in safety rest.

    Trip away; make no stay;

    Meet me all by break of day.

         Exeunt [all but Puck].

PUCK *[To the audience.]:*

    If we shadows have offended,   415

    Think but this, and all is mended,

    That you have but slumber'd here

    While these visions did appear.

TITANIA:

>   Übt erst mal des Tones Leiter,
>   Wenn ihr die könnt, geht es weiter.
>   Hand in Hand im Feenkreise
>   Singt dem Haus die Segensweise.
>   *Lied und Tanz.*

OBERON:

>   Bis zum ersten Tagesgrau
>   Wolln wir uns im Haus umschaun.
>   Unsern Segen legen wir
>   Auf das schönste Brautbett hier,
>   Und das Kind, das man dort zeugt,
>   Werde nie vom Leid gebeugt.
>   Jedes der drei Paare sei
>   In der Liebe ewig treu,
>   Und die Kinder sind befreit
>   Von des Lebens Widrigkeit.
>   Muttermale, Hasenscharten,
>   Unglücksboten aller Arten,
>   Narbe, Fehl und Leberfleck
>   Bleibt von ihren Kindern weg.
>   Elfen, lauft durch diesen Bau,
>   Sprenget heilgen Wiesentau
>   Segnend in den Räumen aus.
>   Friede sei mit diesem Haus
>   Und sein Herr leb gut in Ruh,
>   Nie stoß ihm ein Unglück zu.
>   Alle fort; trefft mich dort,
>   Trefft mich am gewohnten Ort.
>   *Oberon, Titania und Gefolge ab.*

PUCK *(ans Publikum)*:

>   Wenn wir Schatten euch beleidigt,
>   Ist der Fehler schnell beseitigt:
>   Denkt, dass euch der Schlaf befiel
>   Während unserm Schemenspiel.

And this weak and idle theme,
No more yielding but a dream,　　　　　　　420
Gentles, do not reprehend:
If you pardon, we will mend.
And, as I am an honest Puck,
If we have unearned luck
Now to 'scape the serpent's tongue,　　　　425
We will make amends ere long;
Else the Puck a liar call.
So, goodnight unto you all.
Give me your hands, if we be friends,
And Robin shall restore amends.　　　　　　430

[Exit.]

Diesen Firlefanz, der kaum
Mehr Gehalt hat als ein Traum,
Tadelt nicht über Gebühr.
Seid ihr gnädig, lernen wir.
Und verschont ihr uns dazu
Mit dem wohlverdienten »Buh«,
Gibt's hier bald ein bessres Stück —
Andernfalls das Geld zurück.
Ich heiß Puck und halte Wort.
Nun, gut Nacht, ihr alle dort.
Und wenn ihr mich jetzt freundschaftlich
Beklatscht, lässt Puck euch nie im Stich!

Ab.

Aus der Übersetzerwerkstatt

Gereimtes und Ungereimtes zum *Sommernachtstraum*

Der *Sommernachtstraum* kann als Musterbeispiel für den eklektischen Arbeitsstil Shakespeares gelten: ein verblüffendes Sammelsurium aus klassischer und zeitgenössischer Literatur, aus Folklore und Volkslyrik ist hier zu einem bunt schillernden, originellen neuen Werk zusammengefügt. Und so kunterbunt wie die Quellen sind, schillert auch die Sprache des Stückes – vielmehr die *Sprachen*, denn im *Sommernachtstraum* wird mit einer Vielzahl von Sprachformen und Sprachstilen in allen klanglichen Abstufungen lustvoll gespielt: reimender und reimloser Blankvers, *couplets* (gereimte Zweizeiler), Sonettformen, manieristische Reimrepetitionen, trochäische Trimeter, Balladenmetrik, Volksliedformen, parodistische Sprachgroteske und verquere Prosa wechseln sich kontrapunktisch und kontrastreich ab.

So eklatant sind die Unterschiede der Sprachschichten für die Ohren eines englischen *native speakers*, dass von der Shakespeare-Philologie (J. D. Wilson u. a.) sogar einmal ernsthaft spekuliert wurde, die Szenen der Liebespaare müssten wohl Resteverwertung einer sehr frühen Fingerübung aus Shakespeares Anfängerjahren sein, die er später zu Zeiten ausgereifter sprachlicher Meisterschaft beim Schreiben des *Sommernachtstraums* einfach übernommen hat – so mechanisch, ungeschickt, künstlich, kurz: einfach qualitativ schlecht seien diese Liebespaar-Texte, verglichen mit dem großen lyrischen Atem der Elfenszenen.

Auch ohne gewaltsam einen Makel zur Tugend erklären zu wollen, lässt sich die künstliche Sprache der Liebespaare aber sehr wohl als beabsichtigte Kunstform von großer Bedeutung im Gesamtgeflecht des Stückes verstehen.

Die Liebespaare reimen in *couplets*, einer sehr starren, spröden Form: Ein Satz umfasst zwei Verse; die gedankliche Zäsur liegt am Ende des ersten Verses, und der Satz endet mit der Betonung auf dem Reimwort am Ende des zweiten:

HERMIA:
> Dark night, that from the eye his function takes,
> The ear more quick of apprehension makes;

> Wherein it doth impair the seeing sense,
> It pays the hearing double recompense. (III,2,177ff)

Wie bei lautem Lesen unschwer zu merken ist, »klappert« es gewaltig; mehrere solcher *couplets* nacheinander wirken äußerst künstlich, steif und mechanisch. Einer Mechanik gehorchen aber auch die Liebesverwicklungen der Paare im Wald und auch die Paare selbst, die kaum individuelle Charakterzüge tragen und so austauschbar erscheinen, dass man (beim Lesen zumindest) meist nicht genau weiß, wer wer ist. Sie wirken marionettenhaft – und sind im Wald auch Marionetten, an deren Fäden Puck und Oberon mit sardonischer Freude zupfen.

Shakespeare, der Manierist, verwendete mit Lust Sprachformen, die als *zitierte Form* bereits signalhaft bestimmte Assoziationen auslösten: Die gedrechselte, floskelhafte Rhetorik der euphuistischen Lyrik (ein modischer, bombastischer Sprachstil, benannt nach einem Roman des bei Hof sehr erfolgreichen Dichters John Lyly) stand damals für den gezierten Stil der gekünstelten, naturfernen Stadt- und Hofkultur; hier war sie für Shakespeare das passende Sprachmittel, um die Liebespaare ironisierend in einer bestimmten Weltecke anzusiedeln, aus der er sie zur Verwandlung in den Wahnsinn, den Traum und die Nacht schicken konnte. »Bedenkt man aber ... wie die Herzen umgewandelt sind ...« kommentiert Hippolyta im V. Akt. Dass gezierte Hofmenschen mit gekünstelten Sitten in eine verwandelnde Natur versetzt werden, ist ein Grundmotiv auch vieler späterer Stücke Shakespeares.

Dagegen ist die Sprache der Geisterwelt von solchem euphuistischen Gedrechsel frei:

PUCK:

> Near to her close and consecrated bower,
> While she was in her dull and sleeping hour,
> A crew of patches, rude mechanicals,
> That work for bread upon Athenian stalls,
> Were met together to rehearse a play
> Intended for great Theseus' nuptial day. (III,2,7ff)

Liest man laut und auf Sinn, merkt man schnell: Die gereimten Blankverse schwingen souverän über dem Metrum, der jeweilige Gedanke

überfließt dynamisch das Zeilenende, und wo bei den Liebespaar-
couplets der betonte Reim die platte Auflösung der inneren Satz-
spannung leistet, haben sich die Reime der Elfensprache zu unauf-
fälligen, melodischen Klangrepetitionen veredelt.

Schlegel hat in seiner Übersetzung einen einheitlichen lyrischen
Sprachteppich ausgerollt, der die erwähnten Unterschiede zudeckt.
Wenn man aber die oben beschriebene Differenzierung der Sprachformen als wesentlich, weil sinnstiftend, versteht, muss sie auch in
der Übersetzung ihren Ausdruck finden.

Hier zeigt sich nun gleich, wie unmöglich es letztendlich ist, das,
»was der Autor gemeint hat«, identisch wiederzugeben; ein elisabethanischer Zuschauer begriff spontan den Sprachcode der rhetorischen, euphuistischen *couplets* als Zitat einer aktuellen Modelyrik
und als Zeichen für einen konkreten sozialen Ort und »Stil« der
Figuren. Ein heutiger Zuschauer begreift spontan davon nichts
mehr, weil in seiner Welt und in seiner Wirklichkeit nichts (mehr)
davon existiert: Das Wissen überlebt als Fußnote und Anmerkung
auf Buchseiten (wie dieser), aber nicht im lebendigen Theater.
Vierhundert Jahre Geschichte und eine andere kulturelle Situation
drängen sich unüberwindlich zwischen Text und Leser/Zuschauer.

Trotzdem zumindest eine Ahnung davon für ein heutiges sponta-
nes Verständnis zu retten, war aber das Bemühen: wenigstens Äqui-
valente für die emotionale (also auch sinntragende) Unterscheidung
der Sprachschichten zu finden, wenn schon die konkrete gesellschaft-
liche Bedeutung verloren ist. (Heutiger Stadt-Jugend-Slang wäre
vielleicht für ein neues Stück nach Motiven des *Sommernachtstraums*
zu verwenden, das über heutige Weltzusammenhänge erzählt, wie das
Stück *Der Park* von Botho Strauß, aber nicht für eine Übersetzung.)

Hier sollten Lyrikformen aus deutscher Literaturtradition die
handwerklichen Muster leihen, für den Umgang mit der jeweiligen
Sprachschicht. Die übergeordnete übersetzerische Entscheidung –
also die, dezidiert in verschiedene Sprachregister zu übersetzen – hat
damit jeweils die Lösung für den einzelnen Satz bestimmt, die ohne
diese grundsätzliche Überlegung vielleicht ganz anders ausgefallen
wäre. Für die hölzerne, steife, leicht ironisierte *couplet*-Klapperei der
Liebespaare rumorten daher Verse wie diese im Hinterkopf:

Hier sieht man Fritz, den muntern Knaben,
Nebst Huckebein, dem jungen Raben.

Und dieser Fritz, wie alle Knaben,
Will einen Raben gerne haben. (Busch)

Und für die schwebende Melodik der Feenwelt:

Am Abend, wenn die Glocken Frieden läuten,
Folg ich der Vögel wundervollen Flügen,
Die langgeschart, gleich frommen Pilgerzügen,
Entschwinden in den herbstlich klaren Weiten. (Trakl)

In der dritten großen Sprachwelt des Stückes, der der Handwerker, feiert unfreiwillige Sprachkomik Triumphe. Im Bemühen, ihre Geschichte ganz penibel in dichterisch-akademische »Formen« zu gießen, zerbricht den Handwerkern der »Inhalt«: Reim dich oder ich fress dich. Ein »Genie der unfreiwilligen Komik« gibt es auch in unserem Sprachkreis: Friederike Kempner, den schlesischen Schwan. Hier ihr tief empfundenes, sehr ernstes Künstlergedicht, das durchaus auch als Motto für das Gesamtunternehmen dieser neuen Shakespeare-Übersetzung gelten könnte; es heißt

Schweiß
Willst gelangen Du zum Ziele,
Wohlverdienten Preis gewinnen,
Muß der Schweiß herunterrinnen
Von der Decke bis zur Diele!

Frank Günther

Anmerkungen zum Text

Entstehungszeit etwa 1595/96, im Umfeld von *Romeo und Julia* und *Der Kaufmann von Venedig*. Erstdruck 1600 in einem guten Quarto. Einer (nirgends belegten, aber dauerhaften) Spekulation zufolge angeblich für eine Fürstenhochzeit geschrieben. Eine direkte Vorlage ist nicht bekannt.

Charakteristisch für den Text ist aber die Vielzahl der Quellen, aus der Shakespeare erwiesenermaßen sein Material nahm: Chaucers *Knight's Tales*, Ovids *Metamorphosen*, Plutarchs *Große Griechen und Römer*, die pathetischen englischen Übersetzungen der Seneca-Tragödien, eine französische Ritterromanze über den Paladin Huon von Bordeaux, Apuleius' *Goldener Esel*, zeitgenössische Werke über das Geister-, Hexen- und Elfenwesen, das weite Feld englischer ländlicher Folklore und der Volksglauben (s. auch Essay).

»Midsummernight« ist die Nacht vom 23. auf den 24. Juni (Johannisnacht). Nach altem Volksglauben droht in dieser Nacht nach sommerlicher Hitze der Ausbruch des sprichwörtlichen Mittsommerwahnsinns (*midsummer madness*), der die Menschen um den Verstand bringt, so dass ihre Phantasie, ungezügelt von kontrollierender Vernunft, die wildesten Blüten treibt und empfänglich wird für die magischen, dunklen Kräfte der Natur – der Wahnsinn regiert, aller Alltagssinn löst sich auf. Laut Volksglauben können junge Leute in dieser Nacht herausfinden, wer ihr zukünftiger Ehepartner wird.

Als Textgrundlage wurde verwendet und hier abgedruckt: *The Arden Shakespeare A Midsummer Night's Dream*, hg. von Harold F. Brooks, London/New York 1979. Von Fall zu Fall wurden Lesarten der Quarto-Ausgaben verwendet. Eckige Klammern bei Regieanweisungen oder szenischen Angaben im englischen Text bedeuten, dass es sich um Zusätze von Herausgebern handelt, die nicht von Shakespeare stammen.

I,1:

8 *Hippolyta und Theseus* Quelle für die Rahmenhandlung sind Chaucer (*Knight's Tales*) und Plutarch (*Große Griechen und Römer*): die Amazonenkönigin Hippolyta (eigentlich Antiope) wurde von Theseus, dem Fürsten von Athen, geraubt und geehelicht, was in der Folge zum Krieg der Amazonen gegen Athen führte (s. auch Z. 16/17). – Z. 2: *vier Freudentage nur* im

Verlauf des Stückes wird die Hochzeit aber gleich am Tag nach
der Mittsommernacht gefeiert; ein Widerspruch, wie er bei
Shakespeare häufig vorkommt, aber belanglos ist, da er dem
Publikum nicht auffällt. Hier an dieser Stelle ist Theseus' Unge-
duld besser motiviert, wenn er noch vier Tage auf die Hochzeit warten muss; später nach der Mittsommernacht aber wäre
ein Zeitsprung von drei Tagen dramaturgisch überflüssig. –
Z. 4: *This old moon* ... »moon« ist im Englischen weiblich: daher
im Original der Vergleich mit einer Witwe. Erwähnungen des
(weiblichen) Mondes durchziehen als eine Art Leitmotiv das
gesamte Stück. Nach der elisabethanischen Weltauffassung war
das Universum in zwei große Bereiche geschieden: es gab den
translunaren, ewigen Kosmos mit allen Planeten etc. und »die
Welt unter dem Mond«, in der alle Dinge der Veränderung,
dem Wandel und dem Tod unterworfen sind. – Z. 20: *Egeus*
Figur von Chaucer übernommen; kein neu erfundener »Charakter«, sondern ein klassischer Theatertypus: der »schwatzhafte
Alte« bzw. der »tyrannische Vater« (Töchter wurden im elisabethanischen England besonders streng bewacht).

10 Z. 49ff: *form in wax* traditionelles Sprachmotiv: gemäß elisabethanischer Weltsicht war der Mensch (als Ebenbild Gottes) Voll-
endung, Vorbild und Idealform für alle anderen Wesen; wie der
Mann der Frau überhaupt war natürlich auch der Vater der
Tochter im hierarchischen Rang übergeordnet.

12 Z. 73: *cold fruitless moon* im Original wird der »kalte (= ge-
schlechtslose), unfruchtbare« Mond mit Diana, der Göttin der
Keuschheit, gleichgesetzt.

16 Z. 122: *wie fühlst du dich?* etwas unklarer Einwurf; Hippolyta
lässt ihre Trauer über den harten Richtspruch erkennen. – Z.
135ff: Shakespeare verwendet von Z. 135–140 die klassische
rhetorische Technik der Stichomythie (abwechselndes Sprechen je einer Zeile). Dieses formale Mittel erzeugt emotional
den Eindruck der Verklammerung, eines engen Miteinanders
der beiden Sprechenden.

18 Z. 167: *Maienfeiern* waren in der elisabethanischen Zeit nicht
auf den 1. Mai beschränkt; sie fanden während des ganzen
Monats statt, meist außerhalb der Städte in freier Natur (s. a.
Essay). – Z. 169ff: die häufige Erwähnung griechischer Gott-
heiten in sinnigen Vergleichen dient in den Liebespaar-Gesprä-

chen weniger dem griechischen Lokalkolorit, sondern gehört
zum euphuistischen Stil (s. *Gereimtes und Ungereimtes*), der hier
zitiert bzw. ironisiert wird. − *Amor* (*Cupido*) dem griechischen
Gott Eros entsprechender röm. Gott der Liebe; in der Kunst als
Kind mit Pfeil und Bogen dargestellt, Begleiter der Venus. Ein
goldener Pfeil konnte Liebe erwecken, ein bleierner Pfeil Liebe
vertreiben; bekannt aus den *Metamorphosen* des Ovid, zu elisabethanischer Zeit Allgemeingut.

20 Z. 171: *Tauben* waren heilige Tiere der Venus. Mit diesem Schwur
beginnt Hermia, in gereimten Zweizeilern (*couplets*) zu sprechen. Dies wird beibehalten bis zum Szenenende. − Z. 173f:
der Troer *Äneas*, den es nach seiner Flucht aus Troja nach Kar-
thago verschlagen hatte, verließ treulos die dortige Königin *Dido*,
die sich daraufhin auf einem Scheiterhaufen verbrannte (Vergil,
Äneis).

22 Z. 209: *Phoebe/Mond* Phoebe war ein anderer Name für die
Mondgöttin Diana.

24 Z. 232ff: *Things base and vile ...* hier und im Folgenden para-
phrasiert Helena altklug bekannte Spruchweisheiten.

I,2:
Squenz etc.: die traditionellen deutschen Namen der Handwerker sind
Erfindungen von Chr. M. Wieland, des ersten deutschen Shakes-
peare-Übersetzers. Die englischen Namen sind »sprechende«: *Quince*
bedeutet Holzkeil; *Snug* bedeutet Zapfen oder »genau passend, gut
gefügt«; *Bottom* bezeichnet ein Handwerkszeug der Weber, auf das
Garn gewickelt wurde; *Flute* die Orgelpfeifen, die mit Blasbälgen
betrieben wurden; *Snout* eine Tülle oder eine Ausgießröhre an Blech-
gefäßen; *Starveling* (Hungerleider) bezieht sich darauf, dass Schneider sprichwörtlich mager waren.

26 Z. 2ff: *alle zusammen einzeln ...* die Texte der Handwerker sind
durchgehend von mehr oder weniger auffälligen Gespreiztheiten
und ungewollter Komik bestimmt (z. B. »alle zusammen einzeln«, »morgen Nacht am Hochzeitstag«, »komm so der Sache
zum Kernpunkt«); sie signalisieren sprachlich das verbissen-ernst-
hafte Bemühen der Handwerker um die Eroberung der seriö-
sen Kunst. − Z. 11ff: *Die tief tragische Komödie ...* der lange Titel
ist eine Parodie auf die damals üblichen umständlichen Stück-
titel. − *Pyramus und Thisbe* sind ein babylonisches Liebespaar; da

die Eltern gegen die Verbindung sind, fliehen die Verliebten
heimlich und finden den Tod. Die Geschichte war Shakespeares
Publikum aus Ovids *Metamorphosen* sowie auch durch eine volks-
tümliche Ballade bekannt. Es ist das Thema von *Romeo und Julia*;
Shakespeare konnte es souverän in der gleichen Zeit einmal als
Tragödie und hier als Parodie behandeln (s. a. Essay). – Z. 24ff:
bezieht sich vermutlich parodistisch auf ein heute verlorenes,
schwülstiges Theaterstück im Stil Senecas bzw. auf Senecas
Hercules Oetaeus.

28 Z. 30: *Phibbus' car* der Sonnenwagen des Gottes Phoibos Apollo.
– Z. 33: *Parzen* röm. Schicksalsgöttinnen. – Z. 25/35: *Erkulas*
falsch für »Herkules« (= Herakles, Held der griech. Mytholo-
gie). – Z. 41: *lass mich keine Frau spielen ...* Frauenrollen wurden zur Shakespeare-Zeit von Knaben gespielt, die als Lehrlinge
von älteren, erfahrenen »Meister«-Schauspielern ausgebildet
wurden. Ophelia, Cleopatra, Rosalinde etc. wurden ebenso
wie Titania, Hermia und Helena von Männern in Frauen-
kleidern dargestellt, ohne dass die Illusion für den Zuschauer
gestört wurde, der die Verabredung »Frauen werden von Männern
gespielt« ebenso fraglos akzeptierte, wie wir heute die »vierte
Wand« zwischen Bühne und Zuschauerraum hinnehmen; hier
aber wird die übliche Bühnenpraxis desillusionierend ironisiert
und thematisiert (s. a. Essay). – Z. 46: falsch für *Thisbe*. – Z. 54ff:
du musst Thisbes Mutter spielen ... Thisbes Mutter und Vater und
Pyramus' Vater treten bei der späteren Theatervorstellung nicht
auf. Diesen Widerspruch aus dem Text heraus erklären zu wollen, wäre unsinnig; kein Zuschauer bemerkt ihn. Vermutlich
wusste Shakespeare an dieser Stelle einfach noch nicht genau,
wie's weitergeht. Auch die später geprobte Szene findet bei der
eigentlichen Aufführung im V. Akt nicht statt: Wiederholungen
langweilen.

30 Z. 76: *saugendes Milchtäubchen* Zettel verwechselt das »(saugende)
Milchlamm« aus 1Samuel VII,9 mit der Taube. – Z. 84ff: dass
Zettel von Bartfarben so fasziniert ist, erklärt sich aus seinem
Beruf als Weber.

32 Z. 88: *Wer sich was Französisches holt ...* übliches Spiel mit dem
Begriff »French disease« (= französisches Leiden, Syphilis);
führt zu Haarausfall. – Z. 101: *hold, or cut bow-strings* die Bedeutung wurde bisher noch nicht geklärt.

II,1:

34 *Puck (Robin Gutfreund)* eine Art Hausgeist aus der ländlichen
engl. Folklore, dessen Spezialität aller möglicher Schabernack
um Haus und Hof herum ist. − Nach der verquasten Prosa der
Handwerker bildet der Wechsel zu sehr rhythmischen, reimen-
den Versformen einen starken Kontrast. − Z. 10: *pensioners/
Hofgeleit* spielt auf die Leibgardisten der Königin Elisabeth an,
deren Livreen mit Gold und Juwelen geschmückt waren. −
Z. 14: *Tauperlen* Perlen wurden damals von Männern wie Frauen
als Ohrschmuck getragen; einem Volksglauben nach entstanden sie aus Tau. − Z. 23: *Wechselkind* Elfen stahlen Kinder und
legten stattdessen einen hässlichen Wechselbalg in die Wiege.

36 Z. 54: *tailor/Arsch* »tailor« als Ausruf; Bedeutung nicht genau
bekannt, höchstwahrscheinlich obszön.

38 Z. 60ff: *Auftritt Oberon* der stilistische Wechsel von gereimten Versen zu reimlosen Blankversen markiert den Auftritt. −
Z. 66−68: *Corinn* und *Phillida* sind die Namen für den Typus
des Schäfers und der Schäferin in der damaligen englischen ana-
kreontischen Lyrik, die hiermit zitiert wird. − Z. 78−80: vier
Geliebte des Theseus, nach Plutarchs *Leben des Theseus; Perigenia* Tochter eines Räubers; *Aegle* eine Nymphe, deretwegen er
Ariadne sitzen ließ, die Tochter des Königs Minos von Kreta;
Antiopa eine Amazone.

40 Z. 88ff: Titania beschreibt Naturkatastrophen und Umwälzun-
gen der natürlichen Jahreszyklen. Eine Pestepidemie hatte zu-
vor in den Jahren 1593/94 gewütet; es gab in den Jahren 1594−
1596 ausnehmend nasse, kalte Sommer, schlimme Missernten
und Überschwemmungen. Es mag sein, dass diese Passage ge-
zielte Anspielungen auf die genannten Ereignisse enthält. Aber
über die mögliche, banale Aktualität hinaus ist Titanias großer
Monolog thematisch eine grundsätzliche Beschreibung der ge-
störten Weltordnung, die ins Kosmische greift. Es wird hier der
im elisabethanischen Weltbild zentrale Topos des durch den
Menschen in Unordnung geratenen Universums variiert. Das
Thema der »Störung« ist auf allen Ebenen des Stückes aufzu-
finden − von den Störungen des Liebesempfindens bis zur
Störung des Weltgefüges; diese Passage ist fundamental für das
Verständnis des Stückes. − Z. 98: *nine-men's-morris/Reitbahn* ein
elisabethanisches Gesellschaftsspiel, das mit neun Figuren oder

Steinen auf im Rasen gezogenen Furchen gespielt wurde. –
Z. 105ff: *Fieberkrankheit* der Mond, der alles Flüssige beherrscht,
führt auch zum Überborden der »rheumatic fluids« im Körper;
nicht nur zu Triefnasen und -augen durch Erkältungskrankheiten,
sondern auch zum Aufquellen der inneren kalten »Säfte«, die
Gliederweh (Rheumatismus) verursachen.

44 Z. 158: *Vestalin* röm. jungfräuliche Dienerin der Göttin Vesta.
Es gibt in der engl. Sekundärliteratur lange Abhandlungen darüber, ob Shakespeare mit Oberons Erzählung etwa auf ein
großes Fest mit Wasserspielen und künstlichen Delphinen an-
spielt, das in Shakespeares Jugend in Warwickshire zu Ehren der
jungfräulichen Königin Elisabeth gegeben wurde. Der Streit
darüber scheint obsolet. – Z. 168: *Blümchen Liebeschön* Stief-
mütterchen. – Z. 174: *leviathan/Meeresschlange* vgl. Psalm 104;
ein Meerungeheuer, von den Elisabethanern als Wal verstanden. – Z. 176ff: *Hab ich erst den Saft ...* vermutlich Ansprache
ans Publikum.

46 Z. 192f: *holze durchs Gehölz/Wie irr* ein Sprachspiel mit »wood«:
»And here I am, and wood (= wahnsinnig) within this wood«. –
Z. 203ff: *Spaniel* der Spaniel galt den Elisabethanern als sprich-
wörtlich kriecherische Kreatur.

48 Z. 231: *Apollo* und *Daphne* die Nymphe Daphne wurde vom
verliebten Apollo verfolgt und entkam seinen Handgreiflich-
keiten nur dadurch, dass sie in einen Lorbeerbaum verwandelt
wurde (Ovid, *Metamorphosen*). – Z. 232: *Greif* ein Fabelwesen,
aus Adler und Löwe zusammengesetzt.

II,2:

52 Z. 13: *Philomel* klass. Name der Nachtigall; die Königstochter
Philomele wurde zur Rettung vor ihrem Verfolger in eine
Nachtigall verwandelt (Ovid, *Metamorphosen*).

54 Z. 33ff: *Was du siehst ...* trochäisches Versmaß, wird auch später noch für Zaubersprüche verwendet (Trochäus = betont-
unbetont: Wás du síehst ...).

56 Z. 58: *For lying so ... I do not lie* das übliche unübersetzbare
Wortspiel *lie/lie* = liegen/lügen. – Z. 61: *Lysander lüge* nur im
Original mögliches Wortspiel: »Ly-sander lied« (»Lügsander
lüge« wäre zu albern).

60 Z. 110: *voll wilder Lust ...* der Gedanke des Originals ist zu

kompliziert für zwei gereimte Zeilen: Natur beweist (Zauber-)
Kunst, indem sie Lysander das (normalerweise im undurchsich-
tigen Leib verschlossene) Herz der plötzlich hellen/durchsich-
tigen Helena durch die Brust hindurch sichtbar macht. Vielleicht
ginge es so:

> Gläserne Helena! Natur zeigt Zauberkunst,
> Zeigt mir dein Herz im Leib als große Gunst!

Die Antithese Natur-Kunst (= Künstlichkeit) war ein Lieblings-
thema der Elisabethaner; daher konnte sie in diesem Fall derart
verkürzt-stichwortartig benutzt und doch spontan verstanden
werden. – Z. 116ff: Der dreifache Reim *content-repent-spent* steigert die Komik von Lysanders pseudovernünftiger Liebesraserei. – Z.121–126: *Die Wünsche werden vom Verstand bestimmt ...*
ironischerweise missinterpretiert Lysander seine Gefühlsverir-
rung, die durch Puck entstanden ist, ganz ernsthaft als Ergebnis
gereifter Verstandeskräfte; die Vernunft wird lächerlich vor der
chaotischen Macht der Gefühle.

III,1:

64 Z. 7: *bully Bottom/Zettel Nervtöter* »bully« ist meist im Sinne von
»Spezi«, »Kumpel« zu verstehen, kann aber auch »Leuteschin-
der«, »Tyrann« etc. bedeuten, was in diesem Zusammenhang
vielleicht eher zutrifft. – Z. 16ff: *Schreib mir einen Prolog ...* die
Handwerker überschätzen in groteskem Maße die Illusionswir-
kung des Theaters. Das ironische Spiel mit Theaterillusion und
Desillusionierung durchzieht thematisch das ganze Stück, bis
hin zu Pucks Epilog »Diesen Firlefanz, der kaum/Mehr Gehalt
hat als ein Traum ...«. Der *Sommernachtstraum* macht sich selbst
zum Objekt der Desillusionierung (s. a. Essay). – Z. 22: *eight and
six/Ballade zu zehn Versen* »eight and six« war ein häufig ver-
wendetes Versmaß in der engl. Balladenmetrik; ein Beispiel
dafür ist V,1,270ff.

70 Z. 88f: *Ninny's tomb – Ninus' tomb/Kirschhof-Kirchhof* »Ninny«
= Narr. Ninus war der Gründer von Ninive; an seinem Grab
haben sich Pyramus und Thisbe getroffen (laut Ovid). – Z. 99ff:
Through bog, through bush ... rhetorische Figur der geschach-
telten Aufzählung; durch ein sprachliches Mittel entsteht der

Eindruck von Hektik, Tempo und Verwirrung, vom Irrwisch Puck bewirkt.

74 Z. 151: *Senfsamen, Bohnenblüten, Motten* und *Spinnweben* wurden allesamt zu Heilzwecken verwendet. – Z. 154–163: die ständige Wiederholung der Endreime in dieser Passage war zu Shakespeares Zeiten der anderen Aussprache wegen auffälliger als heutzutage. Ein manieristischer lyrischer Effekt, der hier etwas Hypnotisches hat. Die Übersetzung benötigt leider mehr Reime als das Original.

76 Z. 181: *der von Rinderbratens* ... Rindfleisch wurde mit Senf gegessen. »Das Wasser aus den Augen getrieben« hat ihm 1. das Mitleid mit der Senfsamen-Verwandtschaft, 2. die Schärfe des Senfs.

78 Z. 189: *Tie up my love's tongue/schweigend* deutet wohl an, dass Zettel beim Abgehen unfreiwillig Eselslaute von sich gibt (engl. Theatertradition).

III,2:

78 Z. 6–42: Beispiel für die spezielle Reimform der Geisterwelt: es handelt sich hier um eine plastische, dramatische, witzige Erzählung, deren Reime niemals den dynamischen Fluss stören, sondern eher als Klangrepetition vom Zuhörer vermerkt werden. (Der »Mutter-Butter«-Reim in der Übersetzung ist als bewusster Kalauer und rhythmische Zäsur gedacht.) Ein starker Kontrast ist die *couplet*-Reimerei von Demetrius und Hermia gleich im Anschluss, bei der jeder Satz in der zweiten Zeile auf Punkt und Reimwort endet, was vergleichsweise mechanisch, klappernd und eher komisch wirkt.

82 Z. 53: *Der Mond wollt sich* ... im Original etwas gequältes (vielleicht absichtlich komisches) Bild vom Mond, der durch die feste (*whole*) Erde kriecht und die Bewohner der anderen Erdseite (*Antipodes*) zur Mittagszeit dadurch stört, dass er die finstere Nacht mit sich bringt. Wiederum aber eine Beschreibung von kosmischer Unordnung.

84 Z. 96f: *Bleichsucht* nach altem Volksglauben kostet jeder Seufzer einen Tropfen Blut. – Z. 101: *Tartar's bow/Hunnenpfeil* orientalische Bogen waren den englischen überlegen.

88 Z. 141: *Taurus* ein Gebirgszug in Kleinasien. Die ganze Passage besteht aus (für den Betrachter!) komischen Übertreibungen

(= rhetorischen Hyperbeln). – Z. 141–143: *weißer Schneeberg/ wunderweiß und rein* weiße Haut war ein elisabethanisches Schönheitsideal. – Z. 159–161: *sort-extort-sport/lügen-betrügen-vergnügen* der dreifach wiederholte Reim gestaltet einen bestimmten emotionalen Gestus, mit dem Helena ihre Klage beschließt.

92 Z. 203ff: *wie künstlerische Götter* … bei Helenas Beispielen handelt es sich um emblematische, manieristische (Sprach-)Bilder, die in der damaligen Zeit durchaus üblich waren; gezierte, künstliche, theatralische Miniaturen aus der Welt des Hofes und der Stadt. – Z. 213: *Wappenschild* bezieht sich auf die heraldischen Wappenschilde, die – in zwei Hälften geteilt – zwei verschiedene Bilder zeigten, welche aber von einem einzigen Helmbusch eingefasst waren.

96 Z. 257: *Ethiope/schwarze Schlampe* »Ethiop« = sehr schwarzer Afrikaner (*blackamoor*). Hermia ist eine »dark lady« von dunklem Teint und dunkler Haarfarbe, dazu noch klein, während Helena groß und blond ist. Dieser Unterschied ergab sich wahrscheinlich durch die Knabenschauspieler, die Shakespeares Truppe zur Verfügung hatte.

98 Z. 267f: *nur von Händen./Doch die sind dir gebunden* … Lysander hat die Hände nicht frei, weil Hermia an ihm klebt.

106 Z. 381: *Auroras Bote* Aurora ist die Morgendämmerung, ihr Bote der Morgenstern. – Z. 383ff: *Scheidewegen* in ungeweihtem Grund. Selbstmörder wurden zur damaligen Zeit an Scheidewegen begraben.

IV,1:

116 Z. 28: *tongs and the bones/Kamm* simple Geräuschinstrumente. Die Zange wurde mit einem Metallstück geschlagen, mit den Knochen wurde geklappert.

118 Z. 71: *Dianas Blüte* das Gegenmittel zu Amors Liebesblume; Diana als Göttin der Keuschheit war die Pflanze agnus castus zugeordnet, die Keuschheit bewahren helfen sollte.

120 Z. 83–90: *Komm, Königin* … acht Verse werden durch den gleichen Reim zusammengebunden: ein lyrischer Effekt, der den inneren Gedanken der Passage (die Vereinigung, das Zusammenkommen) mit manieristischen Sprachmitteln gestaltet.

122 Z. 104ff: *Jagdlied meiner Hunde* zu elisabethanischer Zeit legte man größten Wert darauf, dass das Gebell einer Jagdmeute

harmonisch zusammenklang. Der Gesamtklang wurde gerade-
zu komponiert, wenn man sich eine Meute zusammenstellte.
Für den Kenner war ein solches Gebell wie Musik. Hunde aus
Kreta und Sparta waren berühmt durch Ovids *Metamorphosen*. –
Z. 110ff: dass *Hippolyta* bei Herkules und Cadmus auf Kreta
gewesen sein will, ist im klassischen Mythos nirgendwo über-
liefert und im Zusammenhang des Stückes sicher belanglos;
Shakespeare, wie immer großzügig mit Fakten umgehend,
brauchte wohl einfach einen Anlass, um Hippolyta mitreden
lassen zu können; denn hier im Gespräch über Hundegebell
taucht ein weiteres großes Grundmotiv des Stückes auf: die
Versöhnung der Gegensätze, die Überwindung der Dissonan-
zen im harmonischen Zusammenklang. »Wie findet man die
Eintracht dieser Zwietracht?« wird Oberon später angesichts
des konfusen Pyramus-und-Thisbe-Stückes fragen. Das Chaos
der Welt, der Missklang bis in kosmische Sphären wurde zu
Anfang von Titania beklagt – hier wird das Thema der Hoffnung auf Heilung angeschlagen, auf Zusammenklang des
Disparaten in einem vielstimmigen Akkord.

124 Z. 137: *Sankt Valentin* (14. Februar) ist der Tag, an dem nach
Volksglauben die Vögel ihren Paarungspartner suchen.

128 Z. 207ff: *Des Menschen Auge … der normale, vernünftige*
Gebrauch der Sinne ist nicht mehr möglich. Es handelt sich um
eine Verdrehung von 1Korinther 2,9ff: »Was kein Auge gesehen
hat und kein Ohr gehört hat, und in keines Menschen Herz
gekommen ist …« – Z. 212ff: *Zettels Traum … weil darin alles so
verzettelt ist* Wortspiel: »Bottom« = 1. der Name, 2. »bottom«
= Grund, Boden (= »weil darin alles so ohne Boden ist«).

IV,2:

130 Z. 18ff: *sechs Groschen (sixpence) pro Tag* ein Schreiner verdiente
1595 etwa vier bis neun Pence pro Tag. Es wäre also eine sehr
hohe Entlohnung gewesen – eine lebenslange Rente.

V,1:

134 Z. 5: *to apprehend* nach elisabethanischem Gebrauch das intui-
tive Erkennen ohne rationales Zutun (so, wie die Engel Gott
erkennen). – Z. 6: *to comprehend* das rationale Begreifen, das
analytisch-logische Erfassen. – Z. 11: die schöne *Helena* von

Troja ist gemeint. − *brow of Egypt* das Gesicht einer Zigeunerin
(Zigeuner wurden mit Ägyptern gleichgesetzt).

136 Z. 45ff: *Kentauren in der Schlacht* ... Theseus und Herkules hatten
gegen die Kentauren gekämpft (bekannt aus Ovids *Metamorphosen*). − Z. 49: *Geheul der trunkenen Bacchantinnen* ... stammt
ebenfalls aus Ovids Metamorphosen.

138 Z. 53: *Die Trauer der neun Musen* ... Klagen über den Nieder-
gang der Gelehrsamkeit und der Künste waren in Shakespeares Zeiten häufig.

142 Z.109ff: Durch falsch interpunktiertes Ablesen des Textes ver-
kehrt Squenz den Sinn in sein Gegenteil. Richtig interpunk-
tiert:

> Wenn wir missfallen, ist es unser Wille,
> Dass ihr nicht denkt, wir kommen zu missfallen!
> Nur das ist unser Streben: Kunst in Fülle!
> Niemals soll euer Widerwille wallen.
> Bedenkt, wir kommen heute − euch zu schmerzen
> Niemals! − allein zum Zweck, dass ihr euch freut,
> Das ist das einzge Ziel. Den Spaß euch auszumerzen,
> Das wollen wir nicht. Euch zur Freude heut
> Erscheint die Schauspieltruppe, mus'geküsst,
> Und zeigt euch, was ihr sicherlich schon wisst.

Das Original mit richtiger Interpunktion:

> If we offend, it is with our good will
> That you should think we come, not to offend,
> But with good will to show our simple skill:
> That is the true beginning of our end.
> Consider then, we come − but in despite
> We do not come − as minding to content you;
> Our true intent is all for your delight:
> We are not here that you should here repent you.
> The actors ...

144 Z. 153f: *ein Löwe wird's können, wenn so viele Esel es tun* die
Lächerlichkeit der Theateraufführung wird mit der brutalen
Grobheit der Hofgesellschaft kontrastiert, die sich auf Kosten

der ehrlich bemühten Handwerker lustig macht. Die Auslach-
lust des (realen) Zuschauers wird somit zunehmend gedämpft,
seine Sympathien werden (vom Autor) gesteuert: die Handwerker, die zuerst alberne, großtuerische Narren schienen,
werden zu eher rührend-traurigen Gestalten. – Z. 163f: *sinister*
reimt sich nur sehr unsauber auf *whisper.* nach einer engl. Theatertradition lässt der Schauspieler vor *whisper* eine Pause, als ob
er dies eben erst bemerkt hätte, und endet mit »whipister«. In
der Übersetzung versucht als »düster – Geflüüüster«.

146 Z. 189f: *My cherry lips have often kiss'd thy stones/Thy stones ...*
»stones« kann selbstverständlich als obszöner Slangausdruck für
»Hoden« verstanden werden; die zweimalige Wiederholung
von »stones« könnte sogar ein Hinweis sein, dass diese Doppel-
bedeutung hier tatsächlich intendiert ist. Aber nicht jedes Wort,
das obszön doppeldeutig sein kann, muss es auch in jedem Fall
sein.

148 Z. 195ff: *Limander ..., Helen ..., Shafalus to Procrus: Limander*
wahrscheinlich eine Verzerrung für »Leander«, den Liebhaber
der Hero; *Helen* ist die schöne Helena von Troja; *Shafalus, Procrus* verdrehte Formen von »Cephalus und Procris«, einem tragi-
schen Liebespaar aus Ovids *Metamorphosen.* In der Übersetzung
sind die verballhornten Namen dieser heute kaum mehr bekannten mythologischen Gestalten durch verunstaltete Sprach-
floskeln ersetzt. – Z. 210: *Das Beste dieser Art ist nur Schattenspiel ...* das ständige Spiel mit Theaterillusion und Wirklichkeit,
das eines der großen Themen dieses Stückes ist, wird hier nochmals potenziert: Auch der Zuschauer des *Sommernachtstraums*
sieht nur eine unzulängliche Illusion, nicht wesentlich ver-
schieden von der törichten Handwerkeraufführung (s. a. Essay).

150 Z. 228–234: *Fuchs an Tapferkeit ...* im Original ein verschach-
teltes Wortspiel, das auf den zwei Bedeutungen von »to carry«
(gewachsen sein/wegtragen) und »discretion« (Vorsicht/Belie-
ben) beruht.

152 Z. 263: *Gut gemaust, Löwe!* der Löwe spielt mit dem Mantel wie
eine Katze mit der Maus.

156 Z. 301ff: *Das war sein letzter Stich ...* im Original kompliziertes
Wortspiel mit »die« (sterben): »two dies«, »dice«, »ace« (Begrif-
fe aus dem Würfelspiel). Der »Abdecker«-Satz des Theseus in
der Übersetzung ist brutaler als das Original.

158 Z. 346f: *Bergomasker Tanz* ein Tanz in der Art der Bauern von Bergamo, die sprichwörtlich als besonders tölpelhaft galten.

160 Z. 363ff: die Segnung des Hauses, die nach Abschluss des eigentlichen Stückes erfolgt, wird häufig als Beleg für die Mutmaßung genommen, dass das Stück für eine Hochzeit geschrieben war und bei Hochzeiten aufgeführt wurde. – Z. 376: *Hekate* (betont auf der zweiten Silbe): griechische Göttin der Zauberei; zieht nachts mit ihrem Geisterschwarm herum. – Z. 381f: *Ich lauf mit dem Besen vor ...* der Besen war das übliche Attribut des Robin Gutfreund, der als Hausgeist das Haus sauber zu halten hatte.

A Midsummer Night's Dream

Essay von Sonja Fielitz

Sei es nun Woody Allens *Midsummer Night's Sex Comedy* oder Botho Strauß' *Der Park*, Benjamin Brittens Oper oder die amerikanische Show *Swinging the Dream* (mit keinem Geringeren als Louis Armstrong in der Rolle des Bottom, 1939!), eine engagierte Schulaufführung oder eine der subventionierten Inszenierungen an Stadt- und Staatstheatern in aller Welt – mancher Leser oder Theatergänger wird bereits den zahlreichen Erben des Shakespeare'schen *Midsummer Night's Dream* begegnet sein, ohne sich vielleicht je mit dem Original auseinander gesetzt zu haben. Von treuer Ergebenheit dem britischen Barden gegenüber bis hin zu brutaler Vergewaltigung des Textes hat gerade dieses Drama, das Shakespeare, Autor der *Lord Chamberlain's Men*, in den Jahren zwischen 1594 und 1596 anlässlich einer Hochzeit in Adelskreisen verfasst haben dürfte, ein äußerst wechselvolles Schicksal in Aufführungspraxis und Literaturkritik erfahren.

So bezeichnete Samuel Pepys 1662 Shakespeares *Midsummer Night's Dream* als »das dümmste und lächerlichste Stück, das ich in meinem ganzen Leben gesehen habe«, William Hazlitt betrachtete dagegen etwa 150 Jahre später (1816) die »Traumwelt« als »vollkommen«, insbesondere Bottom sei der »romantischste aller Handwerker«. G. K. Chesterton war nach weiteren 100 Jahren (1904) der Überzeugung, dies Drama sei »die großartigste Komödie Shakespeares und in gewisser Weise auch der Höhepunkt seines Dramenschaffens«, und auch Frank Kermode hielt es in seiner Studie von 1961 für Shakespeares »beste Komödie«. Jan Kott äußerte 1964 mit spezifischerer Schwerpunktsetzung: »Der *Dream* ist das erotischste Stück Shakespeares«, und Barbara Freedman stellte 1991 fest: »*A Midsummer Night's Dream* ist und bleibt einer der wichtigsten Texte unserer Kultur zum Thema ›Träumen‹.« Auf der Bühne zählt der *Sommernachtstraum* seit fast einem halben Jahrtausend zu den Dauerbrennern, und auch hier interpretierte man eifrig, wurden die verschiedensten Konzeptionen von Regisseuren und Ensembles umgesetzt: An diesen unterschiedlichen Ansätzen und Einschätzungen lässt sich die Vielschichtigkeit des Dramas erkennen, und es stellt sich daher die Frage: Was ist der *Sommernachtstraum* überhaupt? Ist er ein verzauberndes Märchen-

spiel mit viel Musik und phantastischen Gestalten, eine Komödie
über das Ausgeliefertsein des Menschen an seine Sexualität und Einbildung oder ein Spiel um das Theater und seine illusionäre Kraft?

Der Titel gibt erste Hinweise: Die Mittsommernacht, d. h. die Nacht
vom 23. auf den 24. Juni (dt.: Johannisnacht), war im elisabethanischen England stets mit Volksbräuchen, Tanz, Aberglauben und
Magie verbunden. Spuk, Ausgelassenheit und Verzauberung waren
den Zeitgenossen also bereits im Titel signalisiert. Dazu kam die
Assoziation der *midsummer madness*, die nach damaliger Vorstellung
die Menschen nach großer Sommerglut befällt und sie den Täu-
schungen der Einbildungskraft Glauben schenken lässt. Mehrere
Textstellen signalisieren noch einen anderen (ebenfalls mit beson-
deren Feierlichkeiten verbundenen) Zeitraum (»The rite of May«;
IV,1,131) und weisen darauf hin, dass das Drama nicht so genau auf
den 24. Juni festzulegen ist, sondern dass sich hinter dem Titel eher
ein bestimmtes Lebensgefühl verbirgt. So scheint es auch weniger
Shakespeares Anliegen, eine spannungsreiche Handlung voranzu-
treiben, als vielmehr immer wieder in Atmosphäre schaffenden Dar-
stellungen zu verweilen (vgl. etwa II,1, 81ff; II,1,155ff oder die Lieder
der Elfen), was Kritiker freilich zu dem Vorwurf veranlasste, es handle
sich bei den Sequenzen im *Midsummer Night's Dream* lediglich um
ein *pattern*, also um eine lose Abfolge von einzelnen Szenen, und
nicht um einen geschlossenen und kausal verknüpften *plot*. Dem
kann wiederum entgegnet werden, dass die vier angelegten Handlungsebenen (athenischer Hof, Liebende, Handwerker und Feenwelt) sich ständig vermischen und durchdringen und keineswegs als
voneinander isoliert konzipiert sind. Bereits in seinen frühen Komödien *Die beiden Veroneser, Komödie der Irrungen* und *Verlorene Liebesmüh'*
(*Love's Labour's Lost*) hatte Shakespeare den Rahmen der Komödie
durch die Übernahme von Elementen aus anderen Gattungen
erweitert. Die Komplexität und der Beziehungsreichtum der Handlungsebenen im *Midsummer Night's Dream* mit seinem Spiel um Illusion und Realität, um Phantasie und Rationalität übertreffen jedoch
seine bis dahin gezeigte Kompositionstechnik bei weitem.

Zunächst lassen sich grob zwei Bereiche, in denen die Handlung
stattfindet, voneinander abgrenzen. Der athenische Hof um seinen
Herrscher Theseus ist der Welt des Tages und der Rationalität ver-
schrieben, der andere Bereich ist der Welt der Nacht, des Waldes und

der Triebhaftigkeit zugeordnet. Die beiden Welten finden nicht leicht
zueinander (Bottom: »to say the truth, reason and love keep little
company together nowadays«; III,1,134f); eine Begegnung erfolgt
erst in IV,1, wenn die Jagdgesellschaft des Theseus im Wald ankommt.

In der Welt des Tages spielt die Rahmenhandlung, d. h. die Handlung um Theseus und Hippolyta. Von hier geht die Handlung aus,
hierher kehrt sie wieder zurück. Zugleich etabliert diese Welt des
Tages auch den zeitlichen Rahmen (vier Tage). Am athenischen Hof
herrscht eine starre Gesellschaftsordnung, eine feste soziale Hierarchie, die durch Gesetze geregelt wird, denen es zu gehorchen gilt.
So ist der Herrscher Theseus (ihn entnahm Shakespeare der *Knight's
Tale* in Chaucers *Canterbury Tales* sowie Plutarchs *Große Griechen und
Römer*) am Anfang Schiedsrichter zwischen Hermia und ihrem Vater
Egeus, wobei er sich als unerbittlicher Richter erweist. Vor allem
aber prägt Theseus als oberster Repräsentant diese Welt als *der* Ver-
treter der Rationalität (vgl. hierzu seinen oft zitierten Monolog »The
lunatic, the lover, and the poet/Are of imagination all compact ...«
[V,1,2–22], in welchem er die Vorstellungskraft dieser drei Personen-
gruppen als reine »Gaukelei« abtut).

Die Welt der Nacht (d. h. die Handlungsebenen um die Elfen, die
vier jungen Liebenden und die Handwerker) ist wesentlich kom-
plexer. Die Elfen erscheinen erstmals in der elisabethanischen Zeit
als gute Wesen. Im Volksglauben der Renaissance galten Elfen als
gefährlich und Unheil stiftend (im *Midsummer Night's Dream* noch
geschildert in III,2,378–387). Doch Shakespeare nimmt ihnen diese
Eigenschaften (vgl. Oberon: »we are spirits of another sort«; III,2,388).
Die Feenkönigin Titania, deren Name aus den *Metamorphosen* des
römischen Dichters Ovid (43 v.–18 n. Chr.) stammt – dort erscheint
»die von den Titanen Geborene« als Beiname der Diana, welche zu
Shakespeares Zeit mit der Feengöttin identifiziert wurde –, ist im
Midsummer Night's Dream ebenfalls positiv charakterisiert. Sie hat
den *Indian boy* nicht seiner Mutter gestohlen, im Gegenteil, sie sorgt
für ihn, nachdem er die leibliche Mutter verloren hatte, und nimmt
für ihn sogar den Streit mit Oberon in Kauf. Auch Titanias Gefolge
ist keinesfalls als bösartig zu bezeichnen. Es ist ganz der Blumenwelt
verhaftet und voller Fürsorge für seine Herrscherin (und deren Ge-
liebten Bottom mit dem Eselskopf). Darüber hinaus macht Shakespeare das Oberhaupt der Elfen, Oberon, zu einem *spirit of light*,
indem er ihm als Quelle seiner Macht das Licht, die Wärme der

»blessed beams« der Sonne zuweist (III,2,389–395). Das Herrscherpaar verhält sich auch ausgesprochen menschlich, wenn sich Oberon
und Titania gleich bei ihrem ersten Auftreten gegenseitig beschul-
digen, ein Verhältnis mit Theseus bzw. Hippolyta gehabt zu haben.
Ihr Streit hat die Natur in Aufruhr gebracht (II,1,88–92), und die
konkreten Details, die Titania aufzählt (II,1,93–117), lassen die Welt
der Elfen für den Zuschauer durchaus real erscheinen, zumal in dieser Passage oft eine zeitgenössische Anspielung auf den besonders
schlechten Sommer des Jahres 1594 gesehen wird.

Ein Rest der Gefahr, die nach dem Volksglauben von den Elfen
ausging, zeigt sich noch ansatzweise in Puck, einem erdgebundenen
Kobold, den schlimme Streiche und eine derbe Sprache kennzeichnen.
Puck war eine dem elisabethanischen Publikum vertraute Figur aus
den Legenden und Balladen der Zeit; er wurde auch als *hobgoblin*
oder *Robin Goodfellow* bezeichnet und war gemeinhin bekannt als
»schadenfroher Spuk« (II,1,33). In einer Bühnenanweisung des anony-
men Stücks *Grim the Collier of Croydon* (um 1600) wird er wie folgt
beschrieben: »Robin Goodfellow tritt auf, in einem enganliegenden
Ledergewand. Gesicht und Hände sind rotbraun gefärbt; er trägt einen
Dreschflegel.« Auch diese Dramenfigur ist jedoch im *Midsummer
Night's Dream* nicht ausgesprochen bösartig (vgl. etwa »their jangling
I esteem a sport«; III,2,353) und unterliegt letztlich der Kontrolle
Oberons. Puck ist ziemlich »menschlich« und keinesfalls unfehlbar,
wenn er Lysander und Demetrius verwechselt.

Oberon und Puck sind verantwortlich für die Wirren in den
Akten II und III. Sie herrschen nicht nur über die Welt der Feen,
sondern nehmen auch erheblichen Einfluss auf die Welt der Sterb-
lichen, d.h. die vier jungen Athener, für deren Erlebnisse im Wald
ebenfalls Chaucers *Knight's Tale* Pate stand. Die jungen Leute tragen
im *Midsummer Night's Dream* kaum individuelle Züge (wir erfahren
lediglich, dass Helena groß, Hermia klein und dunkelhaarig ist), sind
gegeneinander austauschbar und daher eher als repräsentative Figuren anzusehen. Liebe ist bei ihnen noch nicht fest auf eine Person
gerichtet: Demetrius liebte, wie wir erfahren, zunächst Helena, ehe
er sich Hermia zuwandte (vgl. I,1,106f, 242f) und wird entsprechend als »spotted and inconstant man« (I,1,110) bezeichnet. Die
Liebesschwüre der Paare wirken übertrieben (vgl. etwa Helena II,1,
202–210; Demetrius III,2,137–144), wie leere Formeln ohne Bezug
zur Wirklichkeit. Erst nach ihrem Erwachen lässt sich eine Verände-

rung erkennen: die vier drücken sich nun sprachlich wesentlich einfacher aus (z. B. Demetrius IV,1,162–174).

Im Unterschied zu den jungen Athenern handelt es sich bei den Handwerkern um klar unterschiedene Individuen, was sich bereits in der Namensgebung zeigt. Für die Handwerker brauchte Shakespeare wohl keine literarische Vorlage, sie dürften ihm aus seiner Lebenswirklichkeit vertraut gewesen sein. Die dominierende (und jede Theateraufführung maßgeblich beeinflussende) Figur ist zweifellos Bottom. Sein Glaube an die eigenen Qualitäten ist unerschütterlich; so ist er überzeugt, jede der angebotenen Rollen des Theaterstücks übernehmen zu können. Bottoms Selbstbewusstsein gerät auch im Wald keineswegs ins Wanken, denn er meistert die Rolle als Geliebter der Elfenkönigin souverän, indem er ihr Gefolge zu seiner Körper- und Ohrenpflege anhält und auch die leiblichen Genüsse nicht vergisst. Nach seinem Erwachen (»I have had a most rare vision …«; IV,1,202ff) negiert er den Traum nicht, sondern bekennt sich vielmehr (im Gegensatz zum Rationalisten Theseus, der jede *imagination* verneint) zur Kunst, wenn er Peter Quince darum bitten möchte, dieses Erlebnis in einer Ballade festzuhalten.

Die Handlungsebenen der Handwerker, der vier Liebenden und der Elfen, welche alle in der Welt des Waldes, d. h. der Erfahrungswelt des Irrationalen und der Triebhaftigkeit, angesiedelt sind, stehen also in deutlichem Kontrast zur rationalen Ordnung Athens. Und dennoch gehören diese beiden dramatischen Räume untrennbar zum *plot* des *Midsummer Night's Dream*, da sie ständig miteinander in Beziehung stehen. So verlieren im Wald die bestehenden Gesetze Athens ihre Gültigkeit, am Hof etablierte Werte werden negiert zugunsten eines alternativen Gegenentwurfs. Die Kraft der Natur, unterdrückte Energien und Instinkte entladen sich in einer karnevalesken Welt und befreien somit von sozialen Zwängen und Schranken, von Normen, Gesetzen und Hierarchien zugunsten des jungen Lebens. Das Spiel, das die übernatürlichen Kräfte (ausführendes Organ ist Puck) mit den jungen Athenern treiben, erscheint letztlich als Projektion deren eigener Irrationalität, der Willkür, der Kräfte des Elementaren und des Instinkts, welche eben (auch) die menschliche Liebe bestimmen. Am Ende tragen die jungen Leute, zurückgekehrt in die (andere) Welt des Tages und der Rationalität, den Sieg davon, wenn Theseus die strengen Gesetze Athens aufhebt und die Komödie letztlich das Leben feiern kann.

Handwerker- und Elfenwelt verbinden sich in der Mitte des Dramas (III,1) in Gestalt von Bottom (als Esel) und Titania. Die Verbindung der Handwerker mit der athenischen Hofgesellschaft erfolgt mit der seit I,2 erwarteten Theateraufführung anlässlich der Hochzeit des Herrscherpaares. Das Spiel thematisiert die unbedingte und schicksalhafte Liebe zweier junger Leute gegen den Willen ihrer Eltern und damit die tragische Version des Schicksals der vier jungen Athener – freilich durch Sprache und Inszenierung mehr als burlesk dargeboten. Dies führt wiederum Hermia, Helena, Demetrius und Lysander manches vom falschen Pathos ihrer hohen Liebesbeteuerungen vor Augen. Am Ende dieser Vorstellung wird dann auch noch die Elfenwelt einbezogen (mit dem versöhnten Herrscherpaar Oberon und Titania), die den Palast des Theseus segnet und den Liebenden ewiges Glück verspricht.

Neben diesen Handlungssträngen wird im *Midsummer Night's Dream* noch eine weitere Bedeutungsebene aktiviert. Das Theater selbst wird in der Dramenhandlung durch das Spiel im Spiel (Pyramus und Thisbe), dessen Stoff Shakespeare ebenfalls den *Metamorphosen* Ovids (s. o.) entnahm, thematisiert. Die Handwerker haben recht übertriebene Vorstellungen von der Kraft ihrer Darstellung und fürchten, da sie selbst nicht fähig sind, zwischen Illusion und Realität zu unterscheiden, dass auch andere (d. h. die Zuschauer auf der Bühne, also die Hochzeitsgesellschaften) dies nicht können. Deshalb formulieren sie ihren Prolog und durchbrechen mitunter die Illusion ihrer dramatischen Darbietung, um die nach ihrem Ermessen notwendigen Erklärungen zu geben (vgl. etwa V,1,183–186). Theseus, der Rationalist, ist nicht bereit, sich der Welt der *imagination* hinzugeben. Hippolyta freilich erkennt, dass all das Seltsame doch einen Sinn hat, sie erkennt »something of great constancy« (V,1,26).

Das Thema der Illusion wird noch weiter potenziert. Hatten in den Akten II bis IV die Elfen den Ver(w)irrungen der Liebenden zugesehen, so spiegelt das Spiel der Handwerker wie eine parodistische Rückblende nochmals das Schicksal der Liebenden (unversöhnliches Verhältnis zu den Eltern, Flucht in den Wald), wobei die Liebenden aber nun selbst Zuschauer sind. Freilich können sie das Zustandekommen ihrer Liebesverbindungen nicht nachvollziehen, da sie die Vorgänge im Wald nicht bewusst erlebt haben. Der Zuschauer im Theater aber sah die Verzauberung, hat also mehr Wissen als die Figuren – und behält diesen Informationsvorsprung bis

zum Schluss (was einzigartig in Shakespeares gesamtem Dramen-
schaffen ist). Der Zuschauer im Theater weiß jedoch auch, dass er
ebenfalls ein Stück betrachtet, also selbst Teil einer Spielsituation ist,
woran Puck ihn ja in seinen illusionsdurchbrechenden Kommentaren
(z. B. »Lord, what fools these mortals be«; III,2,115, und im Epilog,
den er als Schauspieler und nicht als Dramenfigur spricht!) mehrmals dezent erinnert. Daher müssen auch wir uns als Theaterzuschauer fragen: Wo ist die Grenze zwischen Illusion und Realität,
zwischen Verstandeskraft und Unbewusstem zu ziehen? In seiner
Rede formuliert Theseus (V,1,2ff) seine rationale Position, verwirft
jede Art von Einbildungskraft als Phantasterei – und wird widerlegt
durch das, was wir als Theaterzuschauer erleben. Theater *ist* Illusion.
Als Zuschauer eines Dramas akzeptieren wir dessen Konventionen,
begeben uns auf die Ebene der dramatischen Illusion und der schöp-
ferischen Phantasie des Dichters und nehmen das Produkt der *imagination* als einen eigengesetzlichen Organismus an, in dem sich
Reales und Märchenhaftes wunderbar mischen. Die so oft zitierte
Metapher von der Welt als Bühne, die Shakespeares Jaques in *As You
Like It* (II,7) formuliert: »All the world's a stage/And all the men and
women merely players« (Die ganze Welt ist Bühne/Und Schauspieler
nur all die Fraun und Männer) trifft vielleicht auf kein anderes Drama
so prägnant und vielschichtig zu wie auf den *Midsummer Night's
Dream.*

Wo der Leser oder Literaturwissenschaftler in seiner Freude an dem
schier unbegrenzten Interpretationspotential des *Midsummer Night's
Dream* schwelgen kann, muss derjenige, der für die Bühne inszeniert, anders verfahren. Aus der unendlichen Vielzahl der möglichen
Deutungen muss er eine bestimmte Auswahl treffen, welche mit den
spezifischen Möglichkeiten theatralischer Vermittlung (Besetzung
der Rollen, Kostüme, Maske, Bühnenbilder, Requisiten, Beleuch-
tung, Musik, Bühneneffekte, Raumaufteilung usw.) dem Theaterzuschauer eine ganz bestimmte Sichtweise und Interpretation vor
Augen führt. Ein Blick auf die Praxis (der zumal im Falle Shakespeares niemals fehlen sollte: seine Stücke waren fürs Theater und
nicht für das Studium im stillen Kämmerlein bestimmt!) wird jedoch
zeigen, dass sich in manchen Fällen die Bereiche der *page*, d. h. der
Literaturkritik, und der *stage*, der Bühnenpraxis, durchaus gegenseitig
beeinflussen und befruchten können.

A *Midsummer Night's Dream* wurde erstmals von Francis Meres in seinem Werk *Palladis Tamia* (1598) erwähnt. Die Titelseite der ersten Quarto aus dem Jahre 1600 bezeichnet das Stück als »verschiedentlich vor Publikum aufgeführt von den Dienern des ehrenwerten Lord Chamberlain«. Es muss zwischen 1598 und 1600 also mehrmals gespielt worden sein, worüber uns freilich (wie bei fast allen Shakespeare-Dramen) keine Informationen vorliegen. Das Drama blieb wohl auch während der Herrschaft von James I und Charles I bis zur Schließung der Theater im Jahre 1642 im Repertoire der Bühnen. Nach der Wiedereröffnung (Restauration) erfreute es sich nicht besonders großer Beliebtheit, wie aus der Tagebuchnotiz von Samuel Pepys für den 29. September 1662 hervorgeht (s. o.). Im ausgehenden 17. und vor allem im 18. Jahrhundert orientierte man sich an den klassisch-antiken Regeln des Aristoteles und Horaz und hatte infolgedessen Probleme mit der (nicht eingehaltenen) Einheit der Handlung in diesem Drama. »Gelöst« wurde dies (in England wie in Deutschland) mit stark kürzenden Umarbeitungen. So haben wir in Deutschland Andreas Gryphius »ein Schimpff-Spiel« mit dem Titel *Absurda Comica oder Herr Peter Squenz* (um 1657) zu verdanken, in England wissen wir für das Jahr 1692 von einem denkwürdigen Bühnenereignis im *Queen's Theatre* unter der Regie von Betterton und mit der Musik von Henry Purcell mit dem Titel *The Fairy Queen*. Die Rolle der Hippolyta war hier ganz gestrichen, und Pyramus und Thisbe wurden in den dritten Akt (in den Wald) verlegt. Dies schuf am Schluss mehr Raum für ein Hochzeitsspektakel (unter anderem mit einem Tanz von sechs Affen in einem chinesischen Garten!) und entsprach damit ganz und gar dem herrschenden Publikumsgeschmack für Ausstattungsstücke. In diese Periode gehören auch die von Richard Leveridge vorgenommene Reduzierung des *Midsummer Night's Dream* auf ein *afterpiece* (mehrmals nach *Timon of Athens* aufgeführt) mit dem Titel T*he Comick Masque of Pyramus and Thisbe* (1716) sowie *The Fairies* (1755 unter der Regie von David Garrick im *Drury Lane Theatre* zu Auge und Gehör gebracht). Im 19. Jahrhundert bemühte man sich, nach dem Stückwerk der vorhergehenden Jahrzehnte wieder die Einheit des gesamten Dramas zu berücksichtigen, wenngleich diese Bemühungen noch lange nicht zum Text Shakespeares zurückführten – dies zeigt eine weitere Opern-Version (von Frederic Reynolds) mit prachtvoller Schlussszene, in der die Siege des Theseus gefeiert wurden (1816).

In diese Zeit fällt auch die erste Inszenierung des *Sommernachtstraums* in Deutschland: sie erfolgte durch Ludwig Tieck am 14. Oktober 1843.

Doch langsam regte sich Kritik an dieser Inszenierungspraxis; für England spricht am deutlichsten William Hazlitt, für Deutschland Theodor Fontane. So empörte sich Hazlitt über die Produktion Kembles 1816, dass alles, was Gehalt und Zauber des Stückes ausmache, in der Darbietung verdorben wurde, »... aber das Spektakel war gewaltig ... O ihr Kulissenschieber, ihr Bühnenmaler, ihr Techniker und Kostümmacher, ihr Fabrikanten von Monden und Sternen, die nicht leuchten, ihr Komponisten und Orchestermusiker, Fiedler und Trompeter, Trommler und Oboenspieler, freut euch! Dies ist euer Triumph; der unsere ist es nicht«. Und Fontane beklagt in seinen *Causerien übers Theater* eine Aufführung des Jahres 1871 in ähnlicher Weise, wenn auch im Ton etwas gemäßigter: »Abgesehen von den Clownsszenen bleibt etwas unsagbar Langweiliges ... Mit Trauer sprechen wir es aus: der poetische Gehalt des Stückes geht ganz und gar verloren ...«

Es sollte freilich noch eine Weile dauern, bis diese kritischen Stimmen langsam Gehör fanden. Erst im November 1840 leitete die Produktion des *Midsummer Night's Dream* am Covent Garden in der Version von J. R. Planché (der Shakespeares Originaltext verwendete, diesen nur um 400 Zeilen kürzte und auch dessen Ende beibehielt) eine Wende in der Inszenierungsgeschichte ein. Die Anzahl der Lieder reduzierte sich auf 14 (welche sich ausschließlich an Shakespeares Text hielten), und Oberon wurde erstmals von einer Frau, Mme. Vestris, gespielt. Zwar waren die Elfen nach bester Balletttradition in Tüll gehüllt, zwar hatte Puck bei seinem ersten Auftritt einen Pilz zu erklimmen, doch war dies die erste Version seit der Renaissance, die sich um die Umsetzung der organischen Einheit von Shakespeares Drama bemühte und damit spätere Produktionen stark beeinflusste: so etwa Samuel Phelps' Inszenierung im Oktober 1853 am *Sadlers Wells Theatre*, in der Phelps selbst die Rolle des Bottom übernahm. Mittlerweile war die Musik von Mendelssohn, komponiert im Jahre 1843, verfügbar. Sie wurde in Deutschland seit Tieck (1843), in England seit Charles Kean (1856) und von da an überwiegend bis etwa in die Mitte des 20. Jahrhunderts auf den Bühnen eingesetzt. Dies führte nicht selten dazu, dass zum Zwecke des verlängerten Musikgenusses allerlei Beiwerk auf die Bühne gebracht wurde: etwa der personifizierte Kampf zwischen einer Spinne und einer Wespe durch Frank Benson im Jahre 1889 oder in ihrem Verhalten wenig berechenbare lebendige Hasen, die der Inszenierung durch Max Beerbohm Tree im Jahre 1911 stets neue und unerwartete Wendungen gaben. Uns noch zugängliches Rezeptionsdokument dieser Inszenierungspraxis ist die Hollywood-Verfilmung aus dem Jahre 1935 durch Max Reinhardt, dem wir insgesamt etwa 15 verschiedene Versionen des *Sommernachtstraums* verdanken (so auch die Berliner Inszenierung von 1905, welche die Idylle des Waldes durch das Versprühen von Waldmeisteraroma [!] perfekt illusionierte). Für den Film wurde der Text um über die Hälfte gekürzt, die Reihenfolge der Szenen verändert, Scharen von Elfen in ausladenden Tüllröckchen springen zu der den Großteil des Films begleitenden Musik über die Bühne, Oberon reitet als »king of shadows« bedrohlich auf einem Rappen einher, ein elfjähriger Kind-Puck wird nach seinem Schlaf unter dem Laub des Waldbodens von einem Einhorn besucht, und ein Zwergenorchester spielt zur Freude der Anwesenden denkwürdig auf.

Der endgültige Bruch mit dieser märchenhaften Inszenierungspraxis erfolgte spät, nämlich erst 1970 durch Peter Brook in Stratford. Brooks Arbeit darf als Neubeginn in der Inszenierungsgeschichte des *Midsummer Night's Dream* schlechthin gelten, und sein Einfluss auf die Produktionen bis heute kann kaum überbewertet werden. Brook bezog sich u. a. auf den Ansatz von Harley Granville-Barker aus dem Jahre 1914, der seinerseits einen wichtigen Schritt hin zur Modernität gewagt hatte. Granville-Barker war zum anti-illusionistischen Theater der elisabethanischen Zeit zurückgekehrt. Er inszenierte das Drama ungekürzt (!) in nüchterner Schlichtheit (er verwendete nur verschiedenfarbige Vorhänge für die drei Handlungsorte seiner drei Akte) und mit nur zwei Bühnenbildern auf der *apron-stage* des Savoy-Theaters. Die metadramatische Ebene wurde u. a. dadurch betont, dass Puck am Ende von III,2 wie ein *stage manager* ein Abdunkeln der Scheinwerfer verlangte.

Auch in Deutschland hatte man die romantischen Fesseln schon vor Brook abzuschütteln versucht. Die Produktion der Münchner Kammerspiele unter Otto Falckenberg im Jahre 1940 hatte erstmals auf das gefährliche Spiel mit »den dunklen unbewachten Kräften der menschlichen Natur« im *Sommernachtstraum* hingewiesen. Außerdem gelang es dem Schauspieler des Zettel hier, allein durch mimische

Ausdruckskraft einen Esel darzustellen, weshalb die Maske des Esels-
kopfes weggelassen werden konnte; dies sollte bei Brook ebenso
sein. Auch die Inszenierung durch Karl Heinz Stroux in Düsseldorf
1961 weist in einem Detail auf Brook voraus: Das Gemach Titanias
erschien hier als blumenbedecktes Spinnengewebe, das wie eine
Schaukel heraufgezogen und heruntergelassen werden konnte.

Brook baute nicht nur diese Ansätze der *stage* aus, sondern lehnte
sich auch an die *page* an, d. h. in diesem Fall an die Interpretation des
Kritikers Jan Kott. Dieser hatte die Theatertradition des *Sommernachtstraums* als »ganz besonders unerträglich, und zwar sowohl in
ihrer klassizistischen Vertretung der Liebenden in Tuniken und mit
den Marmortreppen im Hintergrund als auch in den Opern–Tüll–
Seiltänzervariante«, angesehen. »Seit langem«, so konstatierte Kott,
»inszeniert das Theater den *Sommernachtstraum* am liebsten als
Grimmsches Märchen, und vielleicht werden Schärfe und Brutalität
der Situationen und Dialoge auf der Bühne so ganz und gar ver-
wischt. Man sieht sie kaum, man hört sie kaum.« Kott sah im *Midsummer Night's Dream* »das erotischste« aller Shakespeare-Stücke und
interpretierte die Personen in diesem »grausamen Traum« als belie-
big auswechselbare Liebespartner.

Hoch gelobt oder verrissen durch die Kritiker, hat die theatralische Umsetzung dieses Ansatzes durch Peter Brook seit ihrer Urauf-
führung die Inszenierungspraxis dieses Dramas auf den Bühnen der
Welt beeinflusst. Anstelle von Plüsch und Pomp setzte Brook Artistik
und Anarchie, anstelle von »director's theatre« realisierte Brook
»actor's theatre«, indem er seine Schauspieler dazu aufforderte, das
Stück aus sich heraus zu entwickeln. Brook inszenierte erstmals das
im *Midsummer Night's Dream* angelegte Potential des Theaters und
des Spielens, welches es auf der Bühne zu feiern gelte. Er wollte das
Drama aus der »Umklammerung *schlechter* Tradition« befreien, »ein
verborgenes Stück hinter dem Text« finden. Deshalb wandte er sich
der Kunst des Zirkus und der Akrobatik zu, »da beide dem Theater
sehr nahe« seien.

Die Bühne (von Sally Jacobs) war ein hell ausgeleuchteter weißer
Raum, umgeben von Stahlleitern und mit einem schmalen Steg,
von dem aus gerade nicht auftretende Charaktere die Handlung
beobachten konnten. Um den Zauber des Spiels neu entdecken zu
können, avancierten die Schauspieler (nach intensiven Probenarbei-
ten!) zu Athleten, Jongleuren und Trapezkünstlern. Titanias Ge-

mach wurde symbolisiert durch eine riesige rote Straußenfeder hoch
über der Bühne (vgl. Stroux), die für das Wiegenlied auf die Höhe
der Trapeze für die Elfen herabgelassen wurde. Puck dirigierte die
Verwirrungen im Wald von riesigen Stelzen aus, die es ihm ermög-
lichten, jeweils über den Liebenden gleichsam ungesehen zu agieren.
Der Wald wurde durch Drähte versinnbildlicht, die von Angeln an
dem Steg herabhingen, in denen sich die jungen Liebenden häufig
verfangen konnten und die nebenbei auch noch für gewisse musi-
kalische Effekte sorgten. In Anlehnung an Jan Kotts Interpretation
änderte Brook radikal das Erscheinungsbild der Elfen. Nicht mehr
Balletttänzerinnen in Tüllröckchen belebten das Geschehen, sondern primitive, bösartige Wilde bevölkerten hier die Bühne. Brook
stellte sich Titanias Hof als »besabberte, zahnlose und zittrige Greise
und alte Weiber« vor, »die ihre Herrin kichernd mit dem Ungetüm
[Bottom] verkuppeln«. Bottom als Esel war ein geiferndes Monster
mit kleinen Ohren an einer Stoffkappe, einer schwarzen Knopfnase,
die manchen Kritiker an Mickey Mouse erinnerte, und Clogs an den
Füßen, aber ohne Eselsmaske (vgl. Falckenberg). Auch die sexuelle
Komponente wurde in Anlehnung an Kott in jeder Weise ausge-
spielt. So bedurfte es nicht allzu großer interpretatorischer Scharf-
sicht, die Signifikanz der Faust zu erkennen, welche (zu einer Parodie
auf Mendelssohns Hochzeitsmarsch) zwischen den Beinen Bottoms
in die Höhe gestreckt wurde, während man ihn als Esel hinaustrug.

Brook verband die Handlungsebene des Athener Herrscherpaares
mit der der Elfenwelt, indem er das gleiche Schauspielerpaar für
Hippolyta und Titania bzw. Theseus und Oberon einsetzte (was
heute allgemein üblich geworden ist), um damit deutlich zu ma-
chen, dass die Erlebnisse im Wald nichts anderes sind als die dunk-
len Phantasien des Herrscherpaares hinter dem öffentlichen Schein.
(Der Erste, der das Experiment der Doppelbesetzung wagte, war
übrigens nicht, wie in der Literatur im Allgemeinen angegeben,
Peter Brook, sondern Leopold Lindtberg in seiner Inszenierung des
Sommernachtstraums in der Salzburger Felsenreitschule 1966; seine
Produktion war jedoch insgesamt weniger spektakulär und populär.)
Ferner ließ Brook auch Egeus und Quince doppeln, um auf die
Dualität unserer Existenz, die Ambivalenz von Ernst und Humor zu
verweisen. Das Handwerkerspiel bekam in Brooks Inszenierung so
wenige Lacher wie selten. Die Liebespaare spielten dabei mit, »'Tide
life, 'tide death, I come without delay« (V,1,202) wurde gesungen

von Flute, Bottom und Snout (als Wand) und den Liebenden. Inwieweit dies Shakespeares Konzeption der sich gegenseitig beleuchtenden Handlungsebenen entspricht, ist fraglich. Zu bedenken gilt es auch, ob nicht die akrobatischen Leistungen der Schauspieler etwas vom Text ablenkten, und mancher Kritiker sah die unterschiedlichen und entsprechend bedeutungstragenden sprachlichen Stilebenen des *Midsummer Night's Dream* zu sehr in den Hintergrund gedrängt. Auch über die Betonung der sexuellen Komponente auf der Bühne könnte man sich streiten, wenn man bedenkt, dass in Shakespeares Dramen die *bedroom scenes* durchwegs hinter der Bühne stattfinden. Für die Konzeption Brooks spricht andererseits, dass er als Erster die lockere Fügung der einzelnen Handlungssequenzen dieses Dramas, welches keine straffe Spannungskurve vom Anfang bis zum Ende aufweist, belassen hat. Unabhängig von jeder Bewertung war Brooks Interpretation jedenfalls ein Markstein der Theatergeschichte, und die Inszenierungen nach Brook sind alle in irgendeiner Weise von ihm geprägt. Auch die Produktionen, die wieder zur traditionellen Inszenierungspraxis zurückkehrten (so etwa John Barton 1977), konnten jenes Potential der Bedrohung und Zerstörungsabsicht nicht mehr unberücksichtigt lassen, das unterschwellig in diesem Drama angelegt ist und das Brook erstmals visualisiert hatte. Jüngstes Beispiel für das Erbe des Brook'schen Ansatzes ist die Inszenierung des *Sommernachtstraums* durch Leander Haußmann 1993 in Weimar (Übersetzung: Frank Günther). Diese verschrieb sich ganz dem »Abenteuer der Leidenschaft«, wobei das (in dieser Inszenierung vorzugsweise nackte) Objekt der Begierde jeweils austauschbar war. Haußmanns Produktion verfremdet darüber hinaus den *Midsummer Night's Dream* Shakespeares erheblich, wenn drei Feen als Desdemona, Ophelia und Julia auftreten, welche jeweils »eigene« Verse aus ihren »eigenen« Dramen vor sich hin murmeln, wenn von einer Gefolgsdame Titanias Shakespeares Sonette rezitiert werden oder Oberon die Wirkung der Zauberblume erst an Puck ausprobiert.

Eher historisch orientiert war die Inszenierung Robin Philips' in Stratford (Ontario) in den Jahren 1976/77. Philips ging aus von Oberons Worten über die »imperial votress« (II,1,163), welche als Anspielung auf Königin Elisabeth I verstanden werden können, und interpretierte Titania und Hippolyta (gespielt wurden beide von Maggie Smith in eindeutig an Elisabeth I erinnerndem Kostüm) als zwei Aspekte ihrer Persönlichkeit, von der Königin im Traum erlebt: auf der einen Seite die beherrschte Regentin, die ihr Begehren unterdrücken muss, die aber andererseits im Wald den Verführungen von Peaseblossom, Cobweb, Moth und Mustardseed, hier gespielt von jungen Höflingen des Theseus, nicht abgeneigt ist. Ein zweifellos interessanter Ansatz, problematisch jedoch wegen seiner Konzentration auf eine Figur aus der Welt des Hofes, was einen Verlust der möglichen strukturellen Bezüge in Shakespeares Drama zur Folge hat. Die Handwerker schienen daher aus einer anderen Welt zu kommen und konnten nicht recht ins Spiel integriert werden.

Ein Beispiel für den gesellschaftskritischen Ansatz der Interpretation ist etwa Christoph Schroths *Sommernachtstraum* im Landestheater Halle 1971. Diese Inszenierung thematisierte den Kampf des Individuums um die persönliche Freiheit in einem starren und in sich geschlossenen Athen, das die menschlichen Entfaltungsmöglichkeiten beschneidet. Auch Alexander Langs Inszenierung am Deutschen Theater in Berlin 1980 konzentrierte sich ganz auf die bitteren Seiten der Handlung, den Überdruss am Leben. Die Liebenden (Akteure um die 30 Jahre) sind ausgesetzt und ohne Bindungen, werden eher aus Frust zueinander hingetrieben, als dass wahre Liebe zu erkennen wäre. Das Handwerkerspiel wurde von gelangweilten Akteuren einem gelangweilten und desinteressierten Publikum dargeboten. Oberons und Pucks Eingreifen in die Beziehungen der Liebenden war keinesfalls als wohlwollende Hilfe, sondern (zeitkritisch) als Manipulation mittels Drogen zu verstehen.

Einem größeren Publikum zugänglich sein dürfte die BBC-Verfilmung von 1981 unter der Regie von Elijah Moshinsky. Traditionell und wenig innovativ, ist sie am ehesten als Mischung der bis dahin bekannten Inszenierungspraktiken in Sachen *Sommernachtstraum* zu charakterisieren, die nichts unberücksichtigt lassen und nichts falsch machen möchte. Die Charaktere agieren ernst (Helena etwa erscheint wie ein Blaustrumpf, und man fragt sich, wie Demetrius sich jemals in sie hatte verlieben können); die Handwerker treten auf wie eine ernst zu nehmende Amateur-Theatergruppe. Puck ist ein dürrer, halb nackter Faun mit Halskrause, der sein Englisch in Londons West End gelernt haben muss, jedoch wie ein Fuchs Wasser aus einem Waldsee schöpft. Bottoms Anweisung an die Elfen, ihn zu kratzen, wurde in dieser Fassung (wohl in Anlehnung an Kott) als Aufforderung zu sexueller Befriedigung interpretiert, und diese wird auch noch begleitet von einem triumphierenden Eselsgeschrei.

Der Inszenierung der Royal Shakespeare Company in Stratford
1989 ist es schließlich geglückt, die Potentiale des Märchenhaften
und der Anarchie auf besonders gelungene Weise zu verschmelzen.
Die Polarität zwischen Tag- und Nachtwelt, Harmonie und Anarchie wurde hier meisterhaft umgesetzt. Die Welt des Waldes wurde
auf eine gigantische Müllhalde verlegt, mit alten Fahrradreifen und
sonstigem Sperrmüll, *alle* Akteure trugen schwere Fliegerstiefel,
wobei die Elfen zusätzlich mit Tüllröckchen und Flügelchen ausge-
stattet waren. Ferner agierten die Handwerker mit einer ungeheu-
ren Komik – und dazu kam Musik, die die Komödie fast zum Musical werden ließ; der Publikumserfolg war immens.

Diese verschiedensten Inszenierungsmöglichkeiten, welche aus dem
schier unbegrenzten Interpretationspotential der Handlungsebenen
im *Midsummer Night's Dream* schöpfen, mögen dem Leser Zustim-
mung oder Ablehnung entlocken, mögen Denkanstöße geben und
vielleicht zu neuen Ideen führen. Ein abschließender Blick auf
neuere Ansätze der Literaturwissenschaft zeigt immerhin, dass auch
die Forschung, die *page*, über den *Sommernachtstraum* keinesfalls ein-
heitlich denkt – ebenso wenig wie es die frühen Kritiker taten.
    Psychoanalytisch Orientierte haben im Drama zum Beispiel ent-
deckt, »wie die kreativen Kräfte, die aus unserem tiefsten Inneren
kommen, unser bewusstes Erleben, unsere Gedanken, Gefühle und
Handlungen auf äußerst schmerzliche Weise verzerren können«
(Heuscher). Auch wurde die Flucht der Liebenden in den Wald als
ein Wechsel von einer Tyrannei in eine andere gesehen; anstelle des
Gefangenseins in Athen steht nach dieser Interpretation dann das
Gefangensein in sich selbst (Coursen). Oberon, Titania und der *Indi-*
an boy, die Elfen»familie«, haben ferner zu der These Anlass gegeben, hier sei das klassische ödipale Dreieck am Werk, wobei der *Indi-*
an boy bezeichnenderweise nicht auf der Bühne erscheint. Die Darstellung konzentriere sich somit auf die Mutter, die schließlich eine
»symbolische Kastration« erleide (Calderwood 1992).
    Aus feministischer Sicht (Dousinberre, Lenz, Garner) ist betont
worden, dass die Rückkehr in die Welt Athens hinsichtlich ihrer
sozialen und sexuellen Implikationen bisher nicht genug Beachtung
gefunden hätte und diese letztlich eine Erneuerung der patriarchalischen Ordnung und Hierarchie des Anfangs sei. Dies geschehe auf
Kosten des engen Bandes zwischen den Frauen (Helena und Hermia),

die der patriarchalischen Gewalt Theseus' und Egeus' unterlägen.
Ferner erniedrige und quäle Oberon Titania, denn er hätte mit dem
Liebessaft schließlich auch nur ihre Aufmerksamkeit von dem indi-
schen Knaben ablenken können, ohne sie in den Szenen mit Bottom zum Gespött zu machen. Insgesamt wird für die Feministinnen
das *happy end* nur durch die »Unterwerfung von Frauen« (Garner)
möglich.

Die *new historicists* (Montrose, Lentricchia, Greenblatt) schließlich
schreiben allen Texten oder Zeichensystemen einer Kultur den gleichen Wert zu, um so »der Zirkulation der Kräfte einer Gesellschaft«
(*circulation of social energies*) auf die Spur zu kommen. L. A. Montrose
setzt etwa den *Midsummer Night's Dream* zu einem Tagebucheintrag
des Arztes Simon Forman aus dem Jahre 1597 in Bezug und zeigt,
wie dieses Drama nicht nur kulturspezifische Vorstellungen reflek-
tiert, sondern diese auch selbst ausformt und damit ideologische
Ansichten von *gender*, dem gesellschaftlichen Konstrukt des weiblichen bzw. männlichen Geschlechts, sowie Klassenzugehörigkeit unter
dem Einfluss von Königin Elisabeth I auf die Gesellschaft wider-
spiegelt. Montrose macht durch seine Nebeneinanderstellung von
Drama und Tagebucheintrag sichtbar, welche latenten Spannungen
unter dem Regime Elisabeths bestanden, wie diese die scheinbare
Stabilität brüchig werden ließen und wie die Strategien des Unter-
drückens sich im *Midsummer Night's Dream* Stück für Stück selbst
zerstören.

Es dürfte deutlich geworden sein, dass die Auseinandersetzung
mit Shakespeares Komödie *A Midsummer Night's Dream* auch fortan
eine Herausforderung bleiben wird. Überlassen wir es daher dem
Weber Bottom, der Figur, die sich am besten in der Welt von Illusion und Realität, von Traum und Wirklichkeit zurechtfindet, das
Resümee unserer Erkenntnisse zu formulieren (IV,1,202f): »Ich hab
einen Traum gehabt – das geht über Menschenverstand zu sagen,
was das für ein Traum war.«

Literaturhinweise

Bakhtin, M. M.: *Die Ästhetik des Wortes*, hg. v. Rainer Grübel. Frankfurt a.M. 1979.

Barber, C. L.: *Shakespeare's Festive Comedy*. Cleveland/New York 1959.

Berry, E.: *Shakespeare's Comic Rites*. Cambridge 1984.

Calderwood, J.: *A Midsummer Night's Dream*. Harvester New Critical Introduction. London/New York 1992.

ders., *Shakespearean Metadrama*. Minneapolis 1971.

Coursen, H. R.: *Shakespearean Performance as Interpretation*. Newark/London/Toronto 1992.

Dawson, A. B.: *Watching Shakespeare. A Playgoers' Guide*. New York 1988.

Dousinberre, J.: *Shakespeare and the Nature of Women*. London 1975.

Freedman, B.: *Staging the Gaze. Postmodernism, Psychoanalysis, and Shakespearean Comedy*. Ithaca/London 1991.

Garber, M.: *Coming of Age in Shakespeare*. London/New York 1981.

Garner, S. N.: »A Midsummer Night's Dream: Jack shall have Jill/Nought shall go ill«, in: Women Studies 9 (1981), S. 47–63.

Greenblatt, S.: *Renaissance Self-Fashioning. From More to Shakespeare*. Chicago/London 1980.

Heuscher, J. E.: »Theseus and Hippolyta on the Couch«, in: The American Journal of Psychoanalysis 49, 4 (1989), S. 319–327.

Huston, D.: *Shakespeare's Comedies of Play*. London 1981.

Iser, W.: *Spielstrukturen in Shakespeares Komödien ›Sommernachtstraum‹ – ›Was Ihr Wollt‹*. Heidelberg 1993.

Kott, J.: *Shakespeare heute*. München/Wien 1964.

Lentricchia, F.: *After the New Criticism*. Chicago 1980.

Lenz, C./Greene, G./Neely, C. (Hg.): *The Woman's Part: Feminist Criticism of Shakespeare*. Urbana 1980.

Montrose, A.: »A Midsummer Night's Dream and the Shaping Fantasies of Elizabethan Culture: Gender, Power, Form«, in: M. W. Ferguson, M. Quilligan, N. J. Vickers (Hg.): *Rewriting the Renaissance*. Chicago/London 1986.

Schneider, M.: »Bottom's Dream, the Lion's Roar, and Hostility of Class Difference in ›A Midsummer Night's Dream‹«, in: K. V. Hartigan, (Hg.): *From the Bard to Broadway*. New York/London 1987, S.191–212.

Steiger, K. P.: *Moderne Shakespeare-Bearbeitungen*. Stuttgart 1990.

Van den Berg, K. T.: *Playhouse and Cosmos. Shakespearean Theatre as Metaphor*. Newark 1985.

Woodbridge, L.: *Women and the English Renaissance: Literature and the Nature of Womenkind* 1540–1620. Brighton 1984.

Young, D. P.: *Something of Great Constancy. The Art of ›A Midsummer Night's Dream‹*. Nex Haven/London 1966.

Ein Sommernachtstraum in der Musik (Auswahl)

Purcell, Henry: *The Fairy Queen*, Semi-Oper, 1692.

Groheim, Georg Christoph: *Titania oder Liebe durch Zauberei*, Oper, 1791.

Weber, Carl Maria von: *Oberon*, Oper, 1826.

Mendelssohn Bartholdy, Felix: *Musik zu Shakespeares Sommernachtstraum* − Ouvertüre, 1826; Schauspielmusik, 1843.

Suppé, Franz von: *Ein Sommernachtstraum*, Oper, 1844.

Thomas, Ambroise: *Le songe d'une nuit d'été*, Oper, 1850.

Wolf, Hugo: *Lied des transferierten Zettel*, 1889; *Elfenlied*, 1888–91.

Leoncavallo, Ruggiero: *Un songe d'une nuit d'été*, Oper, 1899.

Satie, Erik: *Cinq grimaces pour ›Un songe d'une nuit d'été‹*, 1914.

Orff, Carl: *Ein Sommernachtstraum* − Version I, 1917; Version II, 1927; Version III, 1938; Version IV, 1943; Version V, 1952; Version VI, 1962.

Henze, Hans Werner: *Oberon*, First Sonata on Shakespeare's Characters; *Bottom's Dream*, Second Sonata …, in: *Royal Winter Music*, 1976.

Ein Sommernachtstraum im Film (Auswahl)

A Midsummernight's Dream, USA 1909, Regie: Charles Kent.

Ein Sommernachtstraum, Dtld. 1913, mit Grete Beyer als Puck.

Ein Sommernachtstraum, Dtld. 1925, Regie: Hans Neumann, mit Hans Albers (Demetrius) und Werner Krauss (Zettel).

A Midsummernight's Dream, USA 1935, Regie: Max Reinhardt, Wilhelm Dieterle, mit James Cagney, Olivia de Havilland, Mickey Rooney.

Sen noci svatojanske, Tschechoslowakei 1959, Puppenfilm.

A Midsummernight's Dream, GB 1968, Regie: Peter Hall.

A Midsummernight's Dream, GB 1981, BBC-TV, Regie: Elijah Moshinsky.

A Midsummernight's Dream, USA 1982, Aufführung aus New York City's Central Park, Regie: James Lapin.

A Midsummernight's Sex Comedy, USA 1982, Regie: Woody Allen.